Buch

Von diesem seinem letzten Buch hat Dr. Joseph Murphy noch kurz vor seinem Tod persönlich die Druckfahnen des amerikanischen Originals korrigiert. Die Veröffentlichung des Bandes hat er nicht mehr erlebt. Als hätte er vorausgewußt, daß er mit diesem Werk auch sein eigenes Vermächtnis verfaßte, füllte er die Seiten mit der Quintessenz seiner Lebenserfahrungen, mit dem Destillat der von ihm begründeten Lebenslehre des Positiven Denkens. Mit den Worten des Herzens öffnet er dem Leser Tür und Tor zu einem von Freude und Fülle bestimmten Leben.

Autor

Dr. Joseph Murphys Werke wurden in zahlreiche Sprachen übersetzt und von Millionen Menschen gelesen. Er gilt zu Recht als Begründer des Positiven Denkens. Er lebte und lehrte in Laguna Hills, Kalifornien, wo er im Dezember 1981 starb.

Von Joseph Murphy sind bei Goldmann außerdem erschienen:
Die Gesetze des Denkens und Glaubens (11734)
Die unendliche Quelle Ihrer Kraft (11736)
Das Wunder Ihres Geistes (11739)
Leben in Harmonie (11751)
Die Kraft Ihres inneren Friedens (11855)
Die Praxis des Positiven Denkens (11939)
Positiv leben ohne Streß (12175)

DR. JOSEPH MURPHY

Wahrheiten, die Ihr Leben verändern

Aus dem Amerikanischen übertragen
von Helga Künzel

Originaltitel: These Truths Can Change Your Life

Umwelthinweis:
Alle bedruckten Materialien dieses Taschenbuches
sind chlorfrei und umweltschonend.

Der Goldmann Verlag
ist ein Unternehmen in der Verlagsgruppe Random House GmbH

Vollständige Taschenbuchausgabe November 1992
© 1982 by Jean L. Murphy
© deutschsprachige Ausgabe 1985 by Ariston Verlag, Genf
Umschlaggestaltung: Design Team München
Umschlagfoto: ZEFA, Index Stock
Druck: Elsnerdruck, Berlin
Verlagsnummer: 12186
Ba · Herstellung: Stefan Hansen/sc
Made in Germany
ISBN 3-442-12186-8
www.goldmann-verlag.de

9. Auflage

KURZGEBET FÜR IHRE WEITERREISE

Für Ihren weiteren Lebensweg möchte ich Ihnen ein Kurzgebet für den Alltag mitgeben, verbunden mit meinen guten Wünschen und Gottes Segen für Sie:

»Mein Weg ist der Weg Gottes, und alle seine Wege sind Wege der Liebe, der Freude und der Fülle. Auf meiner Reise leitet, inspiriert und schützt mich Gott. Die Gottesgegenwart ist um mich und in mir auf allen meinen Wegen. In Freiheit, Freude und Liebe reise ich von Ort zu Ort und von Land zu Land. Gott führt mich auf den Königsweg des Friedens und der Erfüllung und macht alle Straßen zu Straßen des Friedens, der Schönheit und der Harmonie. Gott, ich danke dir.«

Inhaltsverzeichnis

VORWORT: WIE DIESES BUCH IHR LEBEN
VERÄNDERN KANN 11
Die wunderbare Kraft wohnt Ihnen inne 11
Warum dieses Buch Ihr Leben zu ändern vermag 13
Warum keines Ihrer Probleme ungelöst bleiben muß 13

KAPITEL 1: ERFAHRUNGEN UND LEHREN EINER
FERNOSTREISE 15
Wie ein Geschäftsmann seine Freiheit gewann 17
Die falsche Lehre von der Gleichheit aller 18
Wahrheit bleibt sich immer gleich 20
Warum es eine klassenlose Gesellschaft nicht geben kann . . . 21
Entscheidend ist das geistige Konzept 23
Die Stimme des unendlichen Geistes in uns 25
Das Prinzip gottgewollten rechten Tuns 26
»Was der Mensch sät, das wird er ernten« 27
Reden ist Silber, Beten ist Gold 29
Ein Gebet zur Gestaltung Ihrer Zukunft 32

KAPITEL 2: HABEN SIE EINEN FREIEN WILLEN
ODER NICHT? 33
Denken Sie selbst und treffen Sie Ihre Wahl 34
Entscheiden Sie sich für Harmonie und Fülle 35
Lassen Sie sich Ihrem Lebensglück nicht entfremden 36
Worin die »Sünde« wider den Geist besteht 37
Wenn Gott verzeiht, müssen da Sie sich bestrafen? 39
Gottes Liebe ist grenzenlos 40
Geist und Materie, Ursache und Wirkung 41
Die Frau entdeckte die Ursache ihrer Allergie 44
Sie sind nicht das Opfer, sondern der Schöpfer Ihrer Welt . . . 46
Das »Kreuz« der Materie und der unendliche Geist 47
»Wer unter dem Schirm des Höchsten sitzt ...« 49
Ein Gebet um göttliche Führung 51

KAPITEL 3: DIE ALLGEGENWART DER UNENDLICHEN
HEILKRAFT 53
Die Rückkehr zur Quelle der Unversehrtheit 54
Sie erfuhr an sich eine spirituelle Heilung 56
Das »Wunder« der Heilung einer Gelähmten 57
Glaubensheilung und spirituelle Heilung 59
Sehen Sie in jedem Menschen das Göttliche 62
Sie heilte durch ihre bloße Gegenwart 65
Es lag an seiner Geistes- und Gefühlshaltung 66
Gott ist der Gebende und die Gabe 68
Die »Teufel aus eigenem Hause« 69
Das große Schutzgebet 71

KAPITEL 4: DIE KRAFT IHRES DENKENS
UND GLAUBENS 73
Der Mensch ist, was er tagtäglich denkt 73
Geist ist Energie, Gedanken sind Kräfte 75
Weltschöpfung und die Schöpfung Ihrer Welt 77
Welcher Art sind die Suggestionen? 79
»Bei Gott sind alle Dinge möglich« 81
Sie bedurfte der Krücken nicht mehr 82
Die Geschichte vom »heiligen Mann« 84
Geist von seinem Geiste 85
Gebet für einen Angehörigen und sich selbst 87

KAPITEL 5: HEITERKEIT ODER DAS FREISEIN
VON ANGST UND HASS 89
Die Last unheilvoller Fixierung 89
Sie befürchtete ein Erdbeben 91
Gelassen und heiter oder seelisch bucklig 92
Die »vom Pech verfolgte« Journalistin
wurde Schriftstellerin 94
Beten für andere befreite sie 96
Seien Sie heiter, denn Sie sind wunderbar! 98
Achten Sie immer auf Ihre Worte 100
Wie sie ihre Redeangst überwand 102
»Seid aber Täter des Worts!« 103
Bestärken Sie sich in der Gewißheit des Einsseins 104
Ein Meditationstext zur aufbauenden Prägung Ihres
Unterbewußtseins 107

KAPITEL 6: DIE STEUERUNG IHRES DENKENS UND
FÜHLENS 109
Sie hörte wieder die Vögel singen 110
Die Ursache seiner Sorgen war Angst 111
Jede Erfahrung hat ihren Grund 113
»Trotzdem glücklich« ist ein innerer Widerspruch 115
Entscheidend ist die innere Überzeugung 116
Beten Sie in freudiger Erwartung 118
Die Wohltat sinnvollen Betens 119
Das tägliche Gebet in freudiger Erwartung des Besten 121

KAPITEL 7: DIE ENTFALTUNG DER PRINZIPIEN
UNENDLICHER WEISHEIT 123
Der Sonntag als Symbol der Erfüllung 124
»Der Herr wird für euch streiten . . .« 126
Im »Antlitz Gottes« wurde das Todesurteil
nicht vollstreckt 128
Er lernte, zurückgeworfen ins lebendige Wasser, fliegen 130
Wir urteilen vom höchsten Standpunkt aus 132
Die Grundlage einer neuen Selbsteinschätzung 133
Ein wunderwirkendes Dankgebet 135

KAPITEL 8: DIE WUNDERBARE BEDEUTUNG DES
MORGENSTERNS 137
»Versiegle nicht die Worte der Weissagung!« 138
Der tiefe Sinn des Wortes 141
Setzen Sie »dem Wort nicht dazu« 143
Hüten Sie sich, »von dem Wort davonzutun« 144
Heller als das Licht aller Sonnen und Sterne 145
Eine Mörderin hörte auf, sich zu verurteilen 146
Menschenkinder, Gotteskinder 148
Ein Gebet um inneren Reichtum 150

KAPITEL 9: DIE ÜBERWINDUNG DER EINSAMKEIT 151
Wie das Gesetz der Anziehung wirksam wird 151
Einer Waise wurde echte Freundschaft zuteil 152
Ein »Saboteur am Leben« begann zu beten 154
Wie sie zu einem ausgewogenen Leben fand 155
Sind ältere Menschen »von Gott und
der Welt« verlassen? 157

Wie Sie den Verlust eines geliebten Menschen verwinden . . . 158
Wie die Witwe zu neuem Lebensmut fand 160
»Und im Unglück nun erst recht!« 163
Ein Gebet zur Bestärkung des Vertrauens 167

KAPITEL 10: DAS BEFREIENDE PRINZIP INNEREN
WACHSTUMS 169
Wachstum und Entfaltung sind verwirklichte Ideen Gottes . . 170
Seelenfrieden ist die Voraussetzung allen Wachsens 171
Wachsen Sie geistig über sich selbst hinaus 171
Sie befreite sich mit dem Haß von ihrer Krankheit 173
Gefühle, die die Medizin registriert 175
Wasserbomben verwandelten »Luxusängste« in
Gottvertrauen 176
Weichen Sie Herausforderungen nicht aus 177
Seine Absicht war gut, die Methode verfehlt 180
Was Sie für den Weltfrieden tun können 181
Ein Gebet um Frieden und inneres Wachstum 184

KAPITEL 11: DER KÖNIGSWEG ZUM TRIUMPH DES
MENSCHEN 187
Die Vergegenwärtigung der Wahrheiten Gottes 189
Das Innewerden der »Herrlichkeit des Herrn« 190
Der geheime Ort des Schutzes 192
Sie »rührten seines Kleides Saum an« 193
Von Blinden, Tauben und Erleuchteten 195
»Die ihr durstig seid, kommt her zum Wasser!« 196
Die wundervolle Verheißung für alle Menschen 197
Kurzgebet für Ihre Weiterreise 201

VORWORT

Wie dieses Buch Ihr Leben verändern kann

Dieses Buch kann für Ihr Leben Wunder wirken. Sie werden das an sich selbst erleben. Und Sie werden hinter diese »Wunder« sehen.

Als ein Wunder stellt sich ein Ereignis dar, das man sich nicht erklären kann. Unbekannte Kräfte sind im Spiel. Deshalb spricht man von »Zauber« und »Wundern«. Das sind jedoch relative Begriffe. Sobald Sie die auslösenden Kräfte und deren Wirkungsweise kennen, denken Sie nicht mehr daran, etwas als magisches Zauberwerk zu sehen oder als Wunder zu erklären. Oder wären etwa Radio und Plattenspieler, Film und Fernsehen noch vor zweihundert Jahren nicht als Zauberwerk und unerklärliche Wunder bestaunt worden? Selbstverständlich weiß heutzutage jedermann, daß sie das nicht sind. Sie werden an einem Radio nichts Wunderbares finden. Und warum? Weil Sie wissen, wie es funktioniert.

Die wunderbare Kraft wohnt Ihnen inne

Die elementarsten Kräfte sind uns ihrem Wesen nach nicht bekannt. Überdies erfließt alles der Quelle des Geistes, wenn wir auch kaum wissen, was das, was wir Geist nennen, seinem Wesen nach nun eigentlich ist. Wir können diese Kraft nicht unter einem Mikroskop analysieren, wir können sie nicht sehen. Gleichwohl werden wir ihrer Wirkung gewahr. Wir vermögen zu entdecken, wie diese geistige Kraft wirkt. Und damit gelangen wir an die Quelle einer verborgenen Kraft, der uns innewohnenden unendlichen Gotteskraft, die uns emporhebt und auf den Höhenweg des Glücks, der Freiheit und des inneren Friedens bringt.

Wir wissen zum Beispiel nicht, was Elektrizität letztlich ist. Was sie indessen zu leisten vermag, das wissen wir einigermaßen. Darum handelt es sich hier um eine Kraft, die uns, was ihr Wesen angeht, noch immer unbekannt ist. Und doch bedienen wir uns ihrer mit der größten Selbstverständlichkeit, wir alle, tagtäglich. So gesehen, gehen wir tagtäglich mit magischen Kräften um. Auch haben wir – dies mag für ein weiteres Beispiel stehen – nicht die leiseste Ahnung, wie es dazu kommt, daß wir uns bewegen oder auch nur einen Finger zu rühren vermögen, nur weil wir es so wollen, einfach nur als Folge unseres Willens, dieser geistigen Kraft. Andererseits soll, heißt es unter Wissenschaftlern unserer Zeit – und nicht den geringsten –, die bloße Bewegung eines Fingers den entferntesten Stern tangieren.

Sie sehen also, daß wir alle im Umgang mit magischen Kräften hinreichend vertraut sind; obwohl wir diese in unserem täglichen Sprachgebrauch natürlich nicht als solche bezeichnen. Magisch oder wunderbar nennen wir nur alles Ungewohnte, das wir nicht begreifen, das uns Unbekannte.

Sie verfügen über immense geistige Kräfte. Sie werden lernen, sich ihrer wirksamer zu bedienen. Dies ist Aufgabe und Ziel dieses Buches. Indem Sie sich Ihrer geistigen Kräfte richtig bedienen, werden in Ihrem Leben Wunder geschehen.

Warum dieses Buch Ihr Leben zu ändern vermag

Dieses Buch gibt Ihnen den Schlüssel in die Hand, Ihr Leben vollständig umzugestalten. In den folgenden Kapiteln werden Ihnen in schlichten Worten und lebensnaher Darstellungsweise Möglichkeiten und Techniken gezeigt, mit deren Hilfe Sie sich die wunderbaren Kräfte des unendlichen Geistes, an dem Sie Anteil haben, zunutze machen können, um auf das Glücksgeleise menschlicher Erfüllung und tiefer innerer Befriedigung zu gelangen.

Dieses Buch erklärt Ihnen in fesselnder und überzeugender Weise, wie und warum Menschen – Menschen wie Sie und ich – mit Hilfe der ihnen innewohnenden wunderbaren geistigen Kraft Erstaunliches zustandebrachten. Es zeigt Ihnen, wie Sie Ihre Persönlichkeit von innen heraus ändern. Von innen heraus werden Sie ein neuer Mensch. Die Gotteskraft wohnt Ihnen inne. Sie schlummert in Ihrem Unbewußten. Dieses Buch dient nur der Information, wie Sie diese wunderbare Kraftquelle für sich entdecken und nutzen lernen.

Warum keines Ihrer Probleme ungelöst bleiben muß

Für jedes Problem gibt es eine Lösung. Ich bin überzeugt, daß auch Sie in diesem Buch eine Antwort auf genau die Fragen finden, die Sie am meisten bedrängen. Denn dieses Buch hält sich an das praktische Leben und allgemein menschliche Erfahrungen. Es zeigt Ihnen, wie Sie sich geistig orientieren sollen und sich steuern können, so daß auch in Ihrem Leben »Wunder« geschehen werden. Sie werden auf diesen Seiten unschätzbare Hinweise finden, die Ihnen ermöglichen werden, aus Ihrem Leben Angst, Kummer, Verzweiflung, Eifersucht und Haß – lauter verhängnisvolle geistige Giftstoffe – für immer zu verban-

nen. Indem Sie sich auf die Gotteskraft Ihres Geistes ein-
zustellen beginnen, wie dies in diesem Buch empfohlen
wird, begeben Sie sich auf ein grandioses und tatsächlich
wunderbares Abenteuer im Erlebnisfeld Ihrer da erst zur
Entfaltung kommenden seelisch-geistigen Kräfte. Ihre
Reise in die wunderbare Tiefenwelt Ihres Geistes, Ihrer
Seele wird Ihnen vielfachen Gewinn bringen. Sie befinden sich unterwegs zur Verwirklichung Ihrer Persönlichkeit und des Ihnen wie allen Menschen eingegebenen
Glücksstrebens. Sie werden in klingender Münze entschädigt werden: durch Zugewinn an Liebe, Gesundheit,
Wohlergehen und Harmonie. Die Reise wird sich als auf-
regend und anregend erweisen. Nachher können Sie in
freudiger Erwartung Ihrer Zukunft entgegensehen.

Setzen Sie Ihre Reise über die Seiten dieses Buches zu
sich selbst fort, bis alle Schatten weichen, bis in die Mor-
genröte eines neuen, herrlichen Tages.*

---

* Dr. Joseph Murphy hat von diesem seinem letzten Buch selbst noch die Kor-
rekturabzüge des amerikanischen Originals korrigiert. Er hatte die Absicht,
wie zu allen seinen Hauptwerken noch ein Vorwort zu schreiben. Dazu ist es
nicht mehr gekommen. Der große Weltbürger des Geistes und Lehrer positiven Denkens ist noch vor der Veröffentlichung seines Manuskriptes im Dezember 1981 in Laguna Hills, Kalifornien, gestorben. Anstelle eines fremd-
verfaßten wurde deshalb hier ein Vorwort vorangestellt, das aus Dr. Joseph
Murphys eigener Hand kommt. Es wurde seinem Buch *Die Gesetze des Denkens und Glaubens* entnommen und nur insoweit leicht verändert beziehungsweise gekürzt, als dies im Hinblick auf das vorliegende Buch notwen-
dig erschien.

KAPITEL 1

Erfahrungen und Lehren einer Fernostreise

Gegen Ende des Jahres 1980 unternahm ich mit einer Touristengruppe eine Reise nach China, Hongkong und Japan. Zunächst besuchten wir mehrere Städte der Volksrepublik China. Im Vergleich zu früher hat China einschneidende Veränderungen erfahren, die sich überall auswirken. Besonders augenfällig werden sie in der heute durch Großbetriebe gekennzeichneten Landwirtschaft, in den Hotels und Restaurants, im Bildungssystem und in der Gesundheitsfürsorge.

Die Menschen sind überaus aufgeschlossen, und unsere chinesischen Führer sprachen ausgezeichnet Englisch. Wir konnten eine Lehrerin beim Englischunterricht beobachten und fanden sie sehr sachkundig. Sie sagte uns, daß alle Schüler der höheren Klassen Englisch als zweite Sprache lernen. Interessant und lehrreich war für uns auch ein Besuch im bedeutendsten Krankenhaus von Peking. Der Chefarzt, der sechs Sprachen fließend spricht, erläuterte uns die dort angewandte Akupunkturmethode, auf die er die erstaunlichen Heilerfolge der Klinik zurückführt.

Besucher werden in der Volksrepublik China mit der traditionellen chinesischen Liebenswürdigkeit, Aufmerksamkeit und Höflichkeit behandelt. Unsere Reisebegleiter erzählten uns, daß alle Teile des modernen China durch die Schrift, die aus etwa fünfzigtausend Zeichen besteht und kein Alphabet kennt, verbunden werden. Die Schrift ist in ganz China gleich, doch das gesprochene Chinesisch weist viele stark voneinander abweichende Dialekte auf. Der Pekinger Führer sagte zu mir: »Ich kann Sie leider nicht nach Kanton begleiten, weil ich den dort gesprochenen Dialekt nicht verstehe.« Wie er berichtete, sprechen etwa zwei Drittel der Bevölkerung Hochchinesisch, daneben aber gibt es fünf Hauptdialekte.

Natürlich erkundigten wir uns nach dem Durchschnittseinkommen dieser fleißigen Arbeitnehmer des Staates. Es liegt bei etwa sechzig Yuan im Monat, was etwa 145 DM entspricht. Dabei muß man allerdings bedenken, daß die Lebenshaltungskosten eher niedrig sind.

Interessant war für uns auch der Besuch einer großen Kommune. Deren Leiter schilderte uns den landwirtschaftlichen Betrieb, in dem rund fünfzigtausend Menschen arbeiten. Als Anreiz zur Leistungssteigerung erhält jeder Arbeiter, der mehr leistet als das geforderte Soll, eine höhere Entlohnung, die man anhand der sogenannten Arbeitseinheiten berechnet. Die Arbeiterfamilien werden ermuntert, selbst Gemüse anzubauen und Tiere wie Schafe oder Ziegen zu halten – sowohl für den Eigenbedarf als auch zum Verkauf auf dem Markt. Die landwirtschaftlichen Produkte stammen größtenteils von Feldern, die im Kollektiv bearbeitet werden, und die Einkünfte werden entsprechend der Leistung des einzelnen verteilt. Ein bestimmter Betrag wird für Gesundheitsfürsorge, Altersrente, Sozialleistungen und Ausbildung einbehalten. Der Staat bestimmt alles.

Ein seit vielen Jahren in China lebender Engländer, der in Südchina die Niederlassung eines englischen Unternehmens leitet, berichtete mir, daß unter den einfachen Menschen, den sogenannten Arbeitern und Bauern der Volksrepublik, wachsender Unmut über die vielen Sonderprivilegien der hohen Funktionäre herrscht. Wie der

Mann erzählte, kursiert in China eine alte Redewendung: »Wird ein Mann erst einmal befördert, kommen sogar seine Hunde und Hühner in den Himmel.«

Das gilt offenbar heute noch. Wir sahen in jeder Stadt, die wir besuchten, von Privatchauffeuren gewartete luxuriöse Limousinen mit zugezogenen Vorhängen. Auf unsere Fragen bekamen wir regelmäßig zur Antwort, in den Wagen säßen ranghohe Parteifunktionäre. Allem Anschein nach genießen die Parteioberen und ihre Familien besondere Vorrechte und denken gar nicht daran, sie aufzugeben. Sie praktizieren den Kommunismus anders, als er den Massen gelehrt wird.

Wie ein Geschäftsmann seine Freiheit gewann

Im Verlauf der Reise besuchte ich in Hongkong einen Bekannten, mit dem ich seit etwa zehn Jahren in Briefwechsel stand. Erst jetzt erfuhr ich, daß er in China geboren war und als Kind eine Missionsschule besucht hatte. Schon als junger Mann war er von dem Wunsch beseelt gewesen, sich in Hongkong niederzulassen. Nicht wenige Menschen, die versucht hatten, aus der Volksrepublik China zu fliehen und schwimmend die britische Kronkolonie zu erreichen, waren in dem tückischen Gewässer zwischen dem Festland und der Insel ertrunken oder von den Grenzposten erschossen worden.

Der Mann erzählte mir, daß er Buddha angerufen und ihn gebeten habe, ihm den Weg in die Freiheit zu weisen. Er hatte auch das I Ging* befragt, dessen Handhabung ihn sein Großvater gelehrt hatte, und ein Hexagramm er-

---

* Deutsche Ausgabe von Richard Wilhelm: *I Ging – Das Buch der Wandlungen*, Eugen Diederichs Verlag, Düsseldorf 1972. Siehe auch: *Das I-Ging-Orakel Ihres Unterbewußtseins* von Dr. Joseph Murphy, Ariston Verlag, Genf 1980.

halten, demzufolge es für ihn »förderlich« war, »das Wasser zu überqueren«, es bringe ihm Glück. Ermutigt durch dieses günstige Orakel, hatte er sich zusammen mit einem Freund ein Boot beschafft, und es war den beiden tatsächlich gelungen, unentdeckt nach Hongkong durchzukommen.

Der erfolgreiche Mann, der heute in seinem in Hongkong aufgebauten Unternehmen eine große Anzahl Menschen beschäftigt, sagte zu mir: »Ich habe die Gesetze und Zwänge des chinesischen Regimes überwunden. Das beweist, welche immense Kraft dem Glauben an die unsichtbare Gegenwart Gottes innewohnt.«

Die falsche Lehre von der Gleichheit aller

Die Meinung, alle Menschen seien gleich und müßten daher politisch, gesellschaftlich, wirtschaftlich und in jeder anderen Hinsicht gleichgestellt sein, ist absurd und lächerlich. Wir erfuhren beispielsweise von einem Kommunenleiter, daß Menschen, die mehr leisten und produzieren, zum Lohn dafür befördert werden und eine bessere Bezahlung erhalten. Man versucht also eine Leistungssteigerung zu erreichen, indem man den Leuten die Chance gibt, sich von den anderen durch einen höheren Lebensstandard abzuheben. Der Mann an der Spitze der von ihm geleiteten Kommune ist sich darüber im klaren, daß nicht alle Menschen gleich sind.

Sie sind es wirklich nicht! Es gibt große und starke, aber auch kleine und schwache, und zwar sowohl in körperlicher als auch in geistiger oder charakterlicher Hinsicht. Viele verfügen über eine ausgeprägte spezifische, beispielsweise musikalische Begabung, andere nicht. Manche haben einen weit höheren Intelligenzquotienten als die übrigen. Ralph Waldo Emerson, der große amerikanische Transzendentalphilosoph und Dichter, sagte einmal, ein Chemiker könne seine Berufsgeheimnisse ruhig einem Baumeister anvertrauen, weil dieser ihm nicht ebenbürtig sei, was das Wissen auf dem Spezialgebiet der Chemie angehe. Genauso sei der Chemiker dem Baumeister nicht ebenbürtig, was das Wissen über Meß- und Bautechniken betreffe.

Wenn Sie sich in Ihrer Umgebung umschauen, werden Sie auf Kinder stoßen, in deren Elternhaus Frieden, Harmonie und Liebe herrschen, deren Vater und Mutter sich der Gottesgegenwart in ihrem Inneren bewußt sind und dementsprechend leben. Weil Kinder von dem geistig-seelischen, das heißt insbesondere auch von dem Gefühlsklima ihres Zuhauses geprägt werden und sich demgemäß entwickeln, haben solche Kinder einen großen Vorteil gegenüber unerwünschten Kindern, die nicht geliebt werden und in deren Elternhaus Uneinigkeit und Streit an der Tagesordnung sind.

Überall in der Natur stößt man auf Ungleichheiten. Die Maus ist anders als das Pferd, das Lamm ist anders als der Löwe. Ein Hügel und ein hoher Berg unterscheiden sich voneinander, desgleichen ein kleiner See und das Meer. Die Blumen sind nicht gleich, ebensowenig die Bäume, Flüsse, Sterne, Sonnen und Monde. Theoretisch sind wir vor dem Gesetz gleich, aber bei der praktischen Anwendung des Gesetzes ist dies oft nicht der Fall.

Wirklich gleich sind wir nur vor Gott. Und echter Reichtum ist immer gleicher, nämlich geistiger Natur. Wenn wir unseren Geist klug und konstruktiv einsetzen, das heißt im Einklang mit den immerwährenden spirituellen Werten und Prinzipien, werden wir diesen echten Reichtum in Form von Gesundheit, Glück und Lebensfülle erhalten. Wenn wir positiv, also lebensbejahend, denken und in der freudigen Erwartung des für uns Guten leben, dann wird uns Gutes erwachsen.

Wahrheit bleibt sich immer gleich

Die Wahrheit verändert sich nie. Sie ist heute genau dieselbe, wie sie es gestern war und ewig sein wird. Einer unserer chinesischen Führer, mit dem ich nähere Bekanntschaft schloß, kannte das als Kredo der Ideologie von Karl H. Marx 1848 veröffentlichte *Kommunistische Manifest* sehr genau. In ihm wird »verheißen«, daß die Verwirklichung der kommunistischen Ideen notwendigerweise zum Krieg mit der bürgerlichen Gesellschaft führe und dieser so lange weitergehen werde, bis die ganze Welt kommunistisch sei.

Wie jedermann weiß, der mit den Gesetzen des Denkens und Glaubens vertraut ist, tragen Menschen, wenn ihre zu Glaubensgewißheiten verdichteten Überzeugungen von Haß und der Idee der Feindschaft getragen sind, unweigerlich zum Ausbruch von Kriegen bei. Genau dies tritt zutage im Nahen Osten, in Mittelamerika, in Afghanistan und anderswo. Krieg ist die Idee, ist die Absicht und das Ziel. Der Inhalt unseres Denkens und Glaubens aber bestimmt unser Schicksal, unsere Zukunft. Das ist eine unveränderliche Wahrheit.

Der chinesische Führer sagte mir im vertraulichen Gespräch, er sei einst überzeugtes Mitglied der Rotgardisten gewesen. Er hatte Professoren, Sprachforscher, Wissenschaftler und andere Mitglieder der vormaligen Elite seines Landes als Feinde des Volkes denunziert; er hatte miterlebt, daß diese mißhandelt wurden und niedere Arbeiten in landwirtschaftlichen Betrieben oder Fabriken ausführen mußten. Er hatte mit angesehen, wie alte Tempel geplündert und niedergebrannt worden waren.

Heute weiß er, daß die Führer der »Kulturrevolution« dem kulturellen, wissenschaftlichen und industriellen Fortschritt Chinas unsäglichen Schaden zufügten. Er hat sich geändert und möchte jetzt in Amerika oder England

Physik studieren, um einen Beitrag zur Entfaltung und zum Wachstum Chinas leisten zu können. Zu mir sagte er: »Wenn wir als junge Menschen einer Gehirnwäsche unterzogen werden, haben wir zwar noch Köpfe, aber keine Gehirne mehr.« Dieser Mann hat die Wahrheit erkannt und bekennt sich nun auch zu ihr.

Warum es eine klassenlose Gesellschaft nicht geben kann

Die Idee der klassenlosen Gesellschaft hat eine Epoche der Geschichte beherrscht und viele Menschenleben gefordert. Stalin und Mao versuchten in der Sowjetunion und in China die gesellschaftlichen Klassen abzuschaffen, indem sie alle liquidierten, die sich ihrem kollektivistischen Traum widersetzten. Der Idee liegt die Vorstellung zugrunde, daß die Klasse des Proletariats (womit ursprünglich die ärmste und niedrigste Schicht eines Gemeinwesens oder eines Staates gemeint war, die Klasse der Besitzlosen und Lohnempfänger) die Herrschaft übernimmt und sich im Laufe der Zeit allmählich eine klassenlose Gesellschaft entwickelt.

Diese Vorstellung ist utopisch und augenfällig falsch. Man könnte sie als eine der Illusionen jener Menschen bezeichnen, die von den Doktrinären dieser Ideologie Gehirnwäschen unterzogen wurden und die die Gesetze des Denkens und Glaubens sowie die Allgegenwart des unendlichen kosmischen Geistes nicht kennen. Der einzige Seinszustand, in dem es keine Gegensätze gibt, ist das Eingehen ins Absolute, und das kann man in der materiellen menschlichen Existenz nicht erfahren, nur im Geiste.

Die ganze Natur ist von einer deutlich zutage tretenden Dualität geprägt. Wir haben Ebbe und Flut, innen und außen, positiv und negativ, süß und sauer, hart und weich, männlich und weiblich, Nacht und Tag, Dunkelheit und Licht, Bewegung und Ruhe, ja und nein, Haß und Liebe. Das Leben ist eine Einheit, aber es spielt sich über diese Gegensätzlichkeiten ab. Ralph Waldo Emerson erklärte dies anschaulich mit den Worten: »Polarität oder Aktion und Reaktion begegnen uns in allen Teilen der Natur.« Endlose Unterschiedlichkeit ist das Gesetz des Lebens. Aus diesem Grund allein schon kann es nie eine klassenlose Gesellschaft geben.

Ich unterrichtete eine Zeitlang Chemie. Einige Schüler waren wissensdurstig, interessiert und bei der Sache; sie lernten fleißig, denn sie wollten später einmal Großes erreichen. Andere hingegen waren gleichgültig und faul. Sie mochten nicht lernen und verbrachten die meiste Zeit im Schwimmbad. Ihr Intelligenzquotient war völlig zureichend, durchwegs über dem Durchschnitt. Sie hatten nur ihre Wahl nicht getroffen. Wählen müssen wir aber. *Erwählet euch heute, wem ihr dienen wollt* (Josua 24, 15). Allein schon die unterschiedliche Wahl der Menschen führt zu Klassenunterschieden. Wahl ist Aktion, und eine schlechte Aktion wird eine schlechte Reaktion auslösen. Alles Üble zerstört sich letzlich selbst. »Gottes Mühlen mahlen langsam, mahlen aber trefflich klein.« Tyrannen, Diktatoren und Despoten, die sich der Unterdrückung von Massen verschreiben und ihrer abwegigen Idee rücksichtslos Menschen opfern, werden zwangsläufig eines Tages selbst die Reaktion auf ihr Handeln zu spüren bekommen. In der Bibel heißt es: *Ich will die Krone zunichte machen, bis der komme, der sie haben soll; dem werde ich sie geben* (Hesekiel 21, 32).

Unser Sinnen und all unser Trachten muß stets auf die hohen geistigen Werte ausgerichtet sein, die ewig und unveränderlich sind. Wir befinden uns hier auf Erden, um zu wachsen, uns zu entfalten, im Licht zu wandeln und immer mehr des Göttlichen, das uns allen innewohnt, sichtbar zum Ausdruck zu bringen. Wenn wir die Gesetze des unendlichen Geistes falsch anwenden oder wenn wir gegen sie verstoßen, geraten wir früher oder später in Schwierigkeiten. Veränderung ist das Wesen allen Wachstums, und durch Veränderung entwickeln wir uns. Die Wahrheit kann man für eine Weile unterdrücken, aber irgendwann tritt sie unweigerlich zutage und obsiegt.

Dem Menschen ist es bestimmt, die Gegensätze auszusöhnen. Wenn Sie krank sind, können Sie die Heilkraft Gottes anrufen und um Genesung beten. Wenn Sie fest an Gott glauben, wird die Heilung rasch erfolgen. Fehlt Ihnen der Glaube, sollten Sie einen Arzt aufsuchen, ihn segnen und um Hilfe bitten. Wenn Sie arm sind, können Sie voll Überzeugung betend bekräftigen, daß Gottes unerschöpfliche Reichtümer in Ihr Leben strömen, und wenn Sie sich das im »Glauben, der Berge versetzt«, regelmäßig vergegenwärtigen, werden Sie wohlhabend sein. Ihre Furcht können Sie vertreiben, indem Sie Ihren Geist und Ihr Gemüt mit den Wahrheiten des 91sten Psalms erfüllen (Sie finden diesen auf Seite 71). Die Angst wird von Ihnen weichen, und Zuversicht im Denken und Handeln wird Sie voranbringen.

Die kommunistische Doktrin ignoriert und mißachtet die Gotteskraft im Menschen. Daraus resultiert die Tatsache, daß sie dem einzelnen Menschen nicht weiterhelfen kann.

Entscheidend ist das geistige Konzept

Gott wohnt allem inne, also auch Ihnen. Gott ist allgegenwärtig und folglich Ihre eigentliche Wirklichkeit. Ein chinesischer Mönch versicherte mir, daß die Menschen in seinem Lande nach wie vor beten und ihre Andacht verrichten und es auch weiterhin tun werden. Ich fragte einen der Reiseführer: »Praktizieren die Menschen hier den Buddhismus?« Er antwortete lachend: »Unsere Religion ist der Marxismus-Leninismus, aber das Fußvolk akzeptiert das nicht.« Damit gab er wohl die übliche Standardantwort auf solche Fragen, aber es ist gleichwohl leicht zu verstehen, was er meinte.

Für jedes kommunistische Regime ist der ökonomische Determinismus das Vorrangige und die Milieutheorie gleichsam Gesetz. Ihr zufolge hängt die soziale und wirtschaftlich-materielle Lage von der Umgebung und den Lebensbedingungen, denen der Mensch unterworfen ist, ab. Das heißt, daß das Bewußtsein – die Art Ihres Denkens und Fühlens sowie das, was Sie glauben und geistig als gültig annehmen – und infolgedessen das Leben des einzelnen durch äußere Umstände und Bedingungen geprägt und gestaltet wird.

Dies ist eine Halbwahrheit. Zwar werden Millionen Menschen vom Glauben ihrer Umwelt, das heißt von unüberprüften Überzeugungen anderer, beherrscht, besonders von dem, was sie in der Kindheit lernten, was sie in ihrer Umgebung erlebten und wahrzunehmen gewöhnt waren. Sie führen ein »angepaßtes« Leben, das des Durchschnitts. Es gibt jedoch, über die ganze Erde verteilt, Millionen Menschen, die in Elendsvierteln oder in größter Armut anderer Art zur Welt kamen und dennoch berühmte Wissenschaftler, Künstler, Literaten, Ärzte oder Führungspersönlichkeiten der Wirtschaft und Politik wurden. Sie hielten sich nicht an das Durchschnittsdenken der Massen, sondern stimmten sich auf das Unendliche des Geistes ein, und mit dessen Hilfe gelangten sie zu großen Entdeckungen, Erfindungen, Kunstwerken oder anderen hervorragenden Leistungen.

Ich kenne in New York einen angesehenen Chirurgen, der in einem der berüchtigten Slums geboren worden war, eine Prostituierte zur Mutter und seinen Vater nicht gekannt hatte. Er verfolgte trotz seiner Umgebung sein höheres Anliegen. Beharrlich stellte er sich immer wieder vor, daß er ein großer Arzt und Chirurg sei, und diese bildhafte Vorstellung begleitete ihn bei seiner harten Arbeit bis ans Ziel. Er nannte mir sein Erfolgsrezept: »Ich bat Gott regelmäßig, mich zu führen und zu leiten und mir den Weg zu weisen.«

Gleich diesem Chirurgen erkannten Millionen Menschen die große Wahrheit, die auch für Sie gültig ist: Ihr Denken, Glauben und Fühlen bestimmen Ihr Schicksal. Was Sie gewohnheitsmäßig denken und sich vorstellen, prägt sich Ihrem Unterbewußtsein ein und wird von ihm in Ihrem Leben sichtbar zum Ausdruck gebracht. Mit anderen Worten: Sie sind, was Sie den ganzen Tag über denken, und zwar wie Sie »in Ihrem innersten Herzen denken«.

Die Stimme des unendlichen Geistes in uns

Jeder Mensch hat seine innere Stimme, die zu ihm spricht. Sie kommt von dem uns allen innewohnenden unendlichen Geist und drängt uns, unsere Begabungen zu entdecken, zu entfalten und immer mehr von der in uns waltenden Gottesgegenwart freizusetzen. Diese innere Stimme fordert Sie auf zu wachsen, sich ständig weiterzuentfalten und geistig-seelisch höher zu steigen. Gott sagt Ihnen durch diese innere Stimme, daß er Sie braucht; der unendliche Geist sucht in Ihnen ein Gefäß, dank dessen er sich auf höheren Ebenen auszudrücken vermag.

Ich sah auf meiner Fernostreise mit eigenen Augen, daß im Herrschaftsbereich eines kommunistischen Regimes unzählige Menschen zu Sklaven der Ideologie oder zu Leibeigenen politisch-wirtschaftlich-materieller Interessen ohne jede eigene Verantwortung erniedrigt werden. Als Mittel zur Unterdrückung der Ideen und inneren Wünsche dieser Menschen wird Gewalt angewendet, was letztlich zum Scheitern der kommunistischen Herrschaft und zur Befreiung der geknechteten Menschen führen wird. Die Prämissen, das heißt die auf Haß und Feindschaft ausgerichteten Kräfte, sind falsch angelegt, und weil sie falsch sind, kann das Resultat nichts anderes sein als ein Fehlschlag.

Ein Mensch, der nach der Wahrheit sucht und ihr auf den Grund geht, ist gegen die Slogans falscher Ideologien weitgehend gefeit. Er kennt das maßgebende Kriterium: Alles, was der Harmonie des unendlichen Geistes widerspricht, muß zwangsläufig falsch sein, denn Gott ist die Liebe. Wir alle müssen nach innen blicken auf das Einzige, das Schöne und Gute, das auf den ewig unveränderlichen Wahrheiten und den großen geistig-spirituellen Lebenswerten beruht. Wenn wir dies tun, werden wir in zunehmendem Maße an Weisheit, Wahrheit und Schönheit gewinnen und stark werden in Gott. Wenn wir uns dies zur festen Gewohnheit machen, wird in uns allen das Göttliche unseres Wesens lebendig werden, und Angst, Zweifel und Haß werden sich im Licht der Liebe Gottes auflösen.

Das Prinzip gottgewollten rechten Tuns

Auf der Fahrt durch China unterhielt ich mich mit einem amerikanischen Reisegefährten, der mir erzählte, daß er vor zwei Jahren eine großartige Erfindung gemacht habe. Sie bedeutete nach seinen Worten für die Firma, in der er arbeitete, eine große, überaus vorteilhafte Errungenschaft, doch die Verwertung der Erfindung wurde von allen Seiten blockiert. Auf meine Frage, wie er zu der Erfin-

Dr. Joseph Murphys Vermächtnis, Kapitel I 27

dung gekommen sei, antwortete er, er habe das »Schlüsselerlebnis« nachts in einem Traum gehabt.

Wie so oft brachte auch in diesem Fall die Erklärung bereits die Lösung des Problems. Der Mann gab zu, daß er gegen den stellvertretenden Generaldirektor der Firma tiefen Groll hegte und ihm die Schuld an der Blockierung seiner Erfindung gab. Ich erklärte dem Mann, daß *er selbst* das Gute in seinem Leben blockiere, denn er habe den verhaßten Vorgesetzten zu einer Art Gott gemacht, indem er ihm die Macht zuerkenne, die Verwertung seiner Entdeckung zu verhindern. Ich brachte dem Mann zu Bewußtsein, daß sein Vorgesetzter die Macht nicht habe, die er ihm zuerkenne. »Macht besitzt einzig Gott«, sagte ich ihm, »Gott, der allmächtig ist.«

Ich empfahl ihm folgendes Gebet: »Die Erfindung, die ich im Geist trage, ist ein Geschenk Gottes. Sie ist gut, ja sogar sehr gut. Was Gott gibt, das macht er in göttlicher Fügung sichtbar und läßt es Wirklichkeit werden. Ich übertrage alle Macht der Gottesgegenwart in mir. Meine Erfindung ist vorhanden. Sie ist da, und ich danke dafür.«

Einige Monate nach der Heimkehr von dieser Reise erhielt ich von dem Erfinder ein Dankschreiben. Er berichtete mir, seine Firma habe den Wert seiner Entdeckung erkannt und die Patentrechte erworben. Er hatte den Groll aus seinem Denken und Fühlen verbannt. Sein Brief schloß mit der Versicherung, er werde künftighin der ihm innewohnenden Gotteskraft von Anfang an vertrauen.

»Was der Mensch sät, das wird er ernten«

Der Mensch besitzt alles, was er hat, nur im Anrecht dessen, was er innerlich ist. Die Bedeutung dieser Wahrheit erklärte ich einer jungen Dame, die ebenfalls zu unserer Reisegruppe gehörte. Sie wollte Ärztin werden, bekam jedoch keinen Studienplatz. Fünf Universitäten hatten sie bereits abgewiesen. Meine Ausführungen machten ihr begreiflich, daß sie im Geiste so handeln müsse, als sei das Erwünschte bereits erreicht. Sie solle sich, sagte ich ihr, das Endergebnis vergegenwärtigen und sich bildhaft vorstellen, sie studiere an einer medizinischen Fakultät. Ich empfahl ihr, sich auch ihre Diplome vorzustellen, sich als Ärztin und Chirurgin arbeiten zu sehen und im Geiste zu hören, wie ich ihr zur Approbation gratuliere.

Am Schluß unseres Gesprächs sagte ich zu ihr: »Wenn Sie etwas im Gebet erbitten, müssen Sie immer bis zu dem Ziel gehen, das Sie erreichen wollen. Indem Sie sich am Ziel sehen und das Erreichte als wirklich empfinden, werden in Ihnen die Energien zur Verwirklichung Ihres Anliegens freigesetzt.«

Die junge Frau beherzigte meinen Rat. Sie habe, so schrieb sie mir fünf Monate später, buchstäblich in der Vorstellung gelebt, als sei ihr Wunsch bereits eine vollendete Tatsache. Und ihr Wunsch ging tatsächlich in Erfüllung. Sie kam an der Universität Montreal unter, und das Medizinstudium macht ihr große Freude.

Was wir tagtäglich denken, glauben, fühlen, prägt sich unweigerlich unserem Unterbewußtsein ein, sei es gut oder sei es schlecht, und tritt in unserem Leben sichtbar zutage. Unser Unterbewußtsein macht sich unsere Überzeugungen zu eigen und setzt, gleichsam autonom agierend, alles daran, diese zur Geltung zu bringen, indem es unser Handeln, unser Verhalten steuert. Sie müssen sich darüber klarwerden: Der Mensch ist, was er tagtäglich denkt. Genauer: Wie er denkt, was er glaubt und fühlt, so ist er, und so ist auch sein Leben. »Was der Mensch sät, das wird er ernten« (Philipper 4, 8).

Seien Sie sich bewußt, daß den Gesetzen des Denkens

und Glaubens die gleiche Gültigkeit zukommt wie etwa den naturwissenschaftlich nachgewiesenen Gesetzen der Mathematik, der Physik oder der Chemie. Ein Ingenieur, der eine Brücke baut, oder ein Chemiker, der eine neue chemische Verbindung herzustellen trachtet, hält sich selbstverständlich an die bekannten Naturgesetze und versucht nicht, diese zu ändern; er könnte das ja auch nicht. Genauso müssen wir uns an die nicht weniger gültigen und unwandelbaren Gesetze des Denkens und Glaubens halten.

Säen Sie deshalb nur die Samen von Ideen, die schön und erfreulich, die gut und gottgefällig sind. *Denn wer da hat, dem wird gegeben werden . . .* (Matthäus 25, 29). Dies bedeutet, daß Ihnen alles, was Sie im Geiste erbitten und als wahr und wirklich empfinden, gegeben wird. Was ein Mensch hat, ist das, was er ist. Und das ist nicht etwa materieller Besitz, sondern vielmehr der Zustand seiner Geistes- und Gefühlshaltung, die Summe seiner tiefverwurzelten Überzeugungen. Denken Sie daran, daß alles, was Sie an materiellen Dingen haben, Ihr Haus, Ihr Auto, Ihre Wertpapiere, Ihr Geld, ein Spiegelbild Ihres geistigseelischen Zustandes ist. Es gibt keinen Zufall. Alles in der Natur läuft gesetzmäßig ab, auch Ihr Leben. Ihre Lebensumstände, Ihre Umwelt sind das Spiegelbild Ihres Bewußtseinszustandes, ein Niederschlag der Summe Ihrer bewußten und unbewußten Ansichten und Überzeugungen. Anders ausgedrückt: Entscheidend ist, was Sie bewußt und unbewußt als wahr und wirklich akzeptieren.

Reden ist Silber, Beten ist Gold

Es ist weder klug noch zielführend, mit anderen Menschen über Ihre Träume, Ihre Bestrebungen, Pläne und Wünsche zu sprechen. Viel sinnvoller und nützlicher ist es, wenn Sie sich Ihre Anliegen und Wünsche im stillen Gebet vergegenwärtigen. Wenn Sie beten, wenden Sie sich an Gott, zu dem Sie kraft Geistes Zugang haben und der Ihnen und jedem Menschen innewohnt. Vertrauen Sie sich Gott an und verzichten Sie auf verfrühtes Reden. Sie pflücken ja eine Blume auch nicht als noch geschlossene Knospe, bevor sie Zeit hatte, sich zu voller Blüte zu entfalten.

Anders verhält es sich natürlich, wenn Sie einen Arzt, einen Psychologen, einen Seelsorger oder einen Anwalt aufsuchen. Einem solchen Helfer von Berufs wegen müssen Sie natürlich Ihre Probleme und Wünsche mitteilen; er kann Ihnen ja nur helfen, wenn Sie mit ihm zusammenarbeiten. Er wird aber auch das ihm Anvertraute als Berufsgeheimnis behandeln und für sich behalten.

In meiner Nachbarschaft prahlte eine Sekretärin damit, daß sie den Firmenchef heiraten werde und schon den Verlobungsring habe. Zwar heiratete der Chef bald danach, aber eine andere. Behalten Sie Ihre Hoffnungen lieber für sich und reden Sie nicht über Dinge, die noch nicht geschehen sind.

Zu unserer China-Reisegruppe gehörte ein Mann, der ständig davon schwatzte, was für ein einmaliges Haus er bauen, welch ein großartiges Buch er schreiben und wie unendlich viel Geld er verdienen werde. Es ist kaum anzunehmen, daß er etwas von dem, worüber er so angeberisch sprach, je verwirklichen wird. Wer ein Buch schreiben will, setzt sich hin, schreibt es, sucht einen Verleger und redet erst dann. Statt großer Worte lassen Sie besser die Ergebnisse Ihres Tuns für sich sprechen.

Machen Sie es sich auch zur festen Angewohnheit, Ihren eigenen Angelegenheiten allein nachzugehen. Sie werden sehen, daß dies sehr vorteilhaft für Sie ist. Ihre unversiegbare Quelle der Kraft ist das Gebet, und Ihr bester Freund ist Gott.

Dr. Joseph Murphys Vermächtnis, Kapitel 1

Eine College-Lehrerin erzählte ihren nächsten Verwandten, daß sie vorhabe, eine Weltreise für siebentausend Dollar zu machen. Die Angehörigen verdarben ihr sofort die Freude. Ihr Bruder sagte, sie solle, wenn sie sich eine solche Reise leisten könne, besser ihm das Geld für das Familienunternehmen leihen. Seitens anderer kamen eine Krankenbehandlung und dringend notwendige Anschaffungen zur Sprache. Statt sich mit der jungen Frau zu freuen und ihr eine gute Reise zu wünschen, versuchten alle, sie von der Fahrt abzuhalten. Sie fuhr trotzdem, und seither verhält sie sich klüger.

Denken Sie an das weise alte Sprichwort: »Reden ist Silber, Schweigen ist Gold.« Aber noch deutlicher tritt die Wahrheit zutage, wenn Sie Ihr Schweigen als Gottverbundenheit begreifen: »Reden ist Silber, Beten ist Gold.«

EIN GEBET ZUR GESTALTUNG IHRER ZUKUNFT

*»Du hast ihn zum Herrn gemacht über deiner Hände Werk
...* (Psalm 8, 7). Ich weiß, daß mein Glaube an Gott meine Zukunft bestimmt. Gott ist der Inbegriff des Geistes, an dem ich teilhabe. Und der Geist ist das Göttliche in mir und jedem anderen Menschen. Gott ist auch der Inbegriff alles Guten. Ich verbünde mich jetzt mit dem Wahren und Guten, und ich weiß, daß mein Leben dem Bild meines gewohnheitsmäßigen Denkens entsprechen wird. Wie der Mensch im innersten Herzen denkt, so ist er.

Ich meditiere regelmäßig über das, *was wahrhaftig ist, was ehrbar, was gerecht, was keusch, was lieblich, was wohl lautet* (Philipper 4, 8). Und ich weiß, daß die Samen dieser Ideen, denen meine ganze Aufmerksamkeit gilt, mir reiche Ernte bringen werden. Ich bin der Steuermann meines Lebens, denn der Inhalt meines Denkens, Glaubens und Fühlens gestaltet meine Zukunft.«

KAPITEL 2

Haben Sie einen freien Willen
oder nicht?

Auf unserer Reise durch China besuchten wir auch
Chengtu, eine schöne Stadt mit gemäßigtem Klima, breiten Straßen und vielen öffentlichen Parkanlagen. Sie ist
ein Industrie-, besonders ein Textilzentrum und war unter der Han-Dynastie als Brokatstadt bekannt. Wir fuhren mit einem der Stadtbusse, die mit Naturgas betrieben
werden und auf hundert Kilometer für nur ein paar Cent
Treibstoff verbrauchen, zu einer Fabrik. In dem Unternehmen, in dem die meisten Arbeiten noch von Hand
verrichtet werden, sprach ich mit einem Arbeiter, der eine
Zeitlang in New York gelebt und zu meinem Erstaunen
dort mehrere Vorträge des inzwischen verstorbenen Le-
bensphilosophen Dr. Emmet Fox gehört hatte. Aus offen-
sichtlichen Gründen hängt der Mann nicht an die große
Glocke, daß er mit den Gesetzen des Denkens und Glaubens vertraut ist.

Noch mehr staunte ich, als dieser chinesische Arbeiter
ein Bibelwort richtig zitierte und deutete: *Und alles offene
Gerät, das keinen Deckel noch Band hat, ist unrein* (4.
Mose 19, 15).

Mit dem »offenen Gerät« ist Ihr Unterbewußtsein gemeint. Halten Sie es rein. Benutzen Sie Ihre Gottesbe-
wußtheit, Ihr bewußtes Wissen um die Allgegenwart Gottes, und Ihren tiefen Glauben an die ewig gültigen Wahrheiten als »Deckel« für Ihr Unterbewußtsein. Wenn Sie

nicht Ihr besseres Wissen schützend über Ihr Unterbewußtsein legen, werden falsche Überzeugungen und destruktive Gefühle in das »offene Gerät« gelangen und die Macht über Ihr Unterbewußtsein übernehmen, das, destruktiv geprägt, Ihr Handeln, ja Ihr Leben verhängnisvoll beeinflußt.

Denken Sie selbst und treffen Sie Ihre Wahl

Denken, sprechen und handeln Sie immer vom Standpunkt der universell gültigen Prinzipien aus. Orientieren Sie sich an Gott als dem Inbegriff allen Geistes, des Geistes der Liebe und Harmonie, des Friedens und der Fülle. Liefern Sie sich nicht dem Durchschnittsdenken, der weitgehend dem Negativen verhafteten Geisteshaltung der Masse aus. Denken Sie selbst! Und denken Sie im Bewußtsein der Allgegenwart Gottes und des Ihnen innewohnenden Göttlichen.

Wenn Sie das nicht tun, geraten Sie unter den Einfluß dessen, was die anderen, was die Massen denken, und im Bann dieses Denkens vermögen Sie Ihr Leben nicht glücklich zu gestalten.

Ein Hypnotiseur führt die Versuchsperson zunächst in einen Zustand herabgesetzten Bewußtseins: er nimmt »den Deckel« (der Bewußtheit) vom Unterbewußtsein ab. Sodann gibt er dem Unterbewußtsein unmittelbar seine Suggestion ein, und die Versuchsperson handelt sofort entsprechend dem Inhalt dieser Suggestion. Sogar eine posthypnotische Suggestion, der Auftrag, nach dem Erwachen aus der Hypnose etwas Bestimmtes zu tun, wird von der Versuchsperson prompt ausgeführt, wie zahllose Male demonstriert und bewiesen wurde. Die Zeit scheint in Experimenten dieser Art aufgehoben.

Wir ersehen hieraus, daß es in unserem Unterbewußt-

Dr. Joseph Murphys Vermächtnis, Kapitel 2   35

sein eine schöpferische Kraft gibt, die auf den Inhalt unseres Denkens – oder im Hypnosezustand auf Inhalte fremden Denkens – reagiert. Wenn Sie durch Ihr Denken in sich Ihre Schöpferkraft erwecken, dann haben Sie die Ihnen innewohnende einzigartige Gotteskraft aktiviert.

Gott erschuf das Universum und alles, was ist und lebt. Gott erschuf Sie, und seine Schöpferkraft wohnt Ihnen kraft Geistes – Geist von seinem Geiste – inne. Sie haben die Freiheit, Ihre Kraft in negativer oder in positiver Weise zu nutzen: zerstörerisch und verhängnisvoll oder aufbauend und beglückend. Sie entscheiden sich aufgrund Ihres Gewohnheitsdenkens, aufgrund der von Ihrem Denken geweckten Vorstellungsbilder und Gefühle für Krankheit oder Gesundheit, Versagen oder Erfolg, Armut oder Reichtum.

So und nicht anders treffen Sie auch die Wahl zwischen Gut und Böse – das die Menschheit durch die Jahrhunderte hindurch zumeist völlig anders verstanden hat. Mose steckte seine Hand in den Busen und zog sie von weißem Aussatz bedeckt oder vollkommen gesund wieder heraus, je nachdem wie er sein Denken einsetzte. Gilt, was für Mose galt, nicht auch für uns?

Entscheiden Sie sich für Harmonie und Fülle

Und Gott sprach: Lasset uns Menschen machen, ein Bild, das uns gleich sei . . . (1. Mose 1, 26). Da der Mensch nach dem Bilde Gottes erschaffen ist und Gott Adam und Eva erschuf, ist jedem Menschen sowohl ein männlicher als auch ein weiblicher Aspekt zu eigen. Das Bewußtsein ist Ihre männliche Natur, ist Adam, das Unterbewußtsein ist Ihre weibliche Natur, ist Eva.

In diesem bildhaften Vergleich verkörpert die Paarkonstellation von Adam und Eva nichts anderes als die

Wechselwirkung zwischen Ihrem Bewußtsein und Ihrem Unterbewußtsein. Die Ihnen und jedem Menschen inhärenten Naturen des Männlichen und des Weiblichen erzeugen immer ein Drittes, ein »Kind«: Ihre Welt, Ihre Lebensumstände, alles, was Sie bewirken, erfahren und was Ihnen widerfährt.

Was wählen Sie eben jetzt, in diesem Augenblick, für sich? Haben Sie nicht die Möglichkeit der freien Wahl? Verfügen Sie nicht über Ihren Willen und Ihre Initiative? Der Großteil der Menschen entscheidet sich für Mangel, Eingeschränktheit, Krankheit, Leid und Unglück jeder Art. Der Grund dafür ist, daß diese Menschen ihr eigentliches Erbe, die gottgewollte Fülle des Guten, aufgegeben haben. Die Willensfreiheit endet dort, wo der Mensch die falsche Wahl trifft.

Es ist Ihre Bestimmung, kraft Geistes, der Ihnen innewohnt, zu wählen. Entscheiden Sie sich für Harmonie, Frieden, Schönheit, für grenzenlose Liebe und rechtes Tun, die Ausdruck der kosmischen Ordnung sind. Wählen Sie das, was edel, würdig, erhaben und wunderbar ist. Der von Unglück und Leid geschlagene Mensch hat einfach unterlassen, das Wahre, das Schöne und Gute zu wählen.

Lassen Sie sich Ihrem Lebensglück nicht entfremden

Millionen Menschen werden von falschen Überzeugungen und destruktiven Gefühlen wie Neid, Eifersucht und Haß, insbesondere aber von ihren unrichtigen Vorstellungen über das Wesen Gottes, in Fesseln gehalten und ihrem Lebensglück entfremdet.

Eines Tages wandte sich eine ältere Frau an mich, die von der Angst vor dem Tod und dem Leben nach dem

Tod beherrscht war. Sie glaubte, Gott werde sie für die von ihr begangenen Sünden bestrafen. Ich wies die Frau darauf hin, daß sie bei ihrer Geburt keine Ängste, keinen religiösen Glauben und auch keine rassischen oder andere Vorurteile gehabt hatte und daß ihr diese erst durch ihre Eltern und durch Verwandte, Lehrer, Geistliche, Freunde und Bekannte vermittelt worden waren.

Die Frau hatte völlig falsche Vorstellungen von Gott und vom Leben. Sie litt unter den ihr von Kindheit an eingeimpften Vorurteilen und Ängsten, die ihr Unterbewußtsein zutiefst geprägt hatten. Ich erklärte der Frau, daß Gott die Person nicht ansieht, nicht verurteilt, nicht bestraft. Ihr wurde klar, daß einzig wir selbst uns verletzen und bestrafen, indem wir die Gesetze des Denkens und Glaubens unrichtig anwenden.

Auf meinen Rat hin las die Frau von nun an den 27sten Psalm: *Der Herr ist mein Licht und mein Heil; vor wem sollte ich mich fürchten? Der Herr ist meines Lebens Kraft; vor wem sollte mir grauen? . . .* Dieses großartige Schutzgebet gegen jedwede Angst sagte sie sich drei- oder viermal täglich laut vor. Die Wahrheiten des Psalms tilgten allmählich in ihrem Unterbewußtsein die falschen Prägungen, und binnen weniger Wochen ging mit der Frau eine erstaunliche Veränderung vor. Sie wurde ruhiger und ausgeglichener, ja heiter. Sie hat ihre Ängste überwunden.

Worin die »Sünde« wider den Geist besteht

Die Unfähigkeit des Menschen, seinen Ursprung und sein ganzes Wesen in Gott zu erkennen, sein Gefühl, von der göttlichen Quelle abgetrennt zu sein, und seine irrige Auffassung, die von Menschen aufgestellten Gebote seien göttliche Gebote – dies und nichts anderes ist die Erbsünde. Sie ist der Abfall des Menschen von seiner Bestimmung, der Verrat seines göttlichen Erbes, dessen Hüter er ist. Unser Erbe sind Harmonie und Liebe, Gesundheit, Frieden und Fülle. Der »gefallene Engel«, der »Sturz aus dem Himmel«, »Luzifers Fall« bedeuten ein und dasselbe: den Sturz aus Harmonie, Frieden, Schönheit und Liebe, den Sturz aus dem Zustand der Begnadung.

Verstehen Sie unter dem »Himmel« die unsichtbare göttliche Weisheit, in der Sie leben, sich bewegen und Ihr ganzes Sein, Ihren Seelenfrieden haben. Wie wahr ist doch das alte Wort: »Selbstvergebung ist der Himmel, Selbstverurteilung ist die Hölle.« Jesus sagte: *Dieweil ich bei ihnen war in der Welt, erhielt ich sie in deinem Namen. Die du mir gegeben hast, die habe ich bewahrt, und ist keiner von ihnen verloren, außer dem verlorenen Kind, auf daß die Schrift erfüllet würde* (Johannes 17, 12).

Sie selbst erhalten alles, wenn Sie in seinem Namen, im Namen Gottes, sich voll Überzeugung das vergegenwärtigen und bekräftigen, was Sie sein wollen. Wenn Sie zum Beispiel krank sind, bekräftigen Sie: »Ich bin gesund. Ich danke Gott.« Gott ist allgegenwärtig. Er wohnt Ihnen inne, seine Weisheit, seine Heilkraft. Was Sie im Vertrauen auf die göttliche Heilkraft erflehen, wird Ihnen zuteil werden.

Unter dem im vorstehend zitierten Johanneswort genannten »verlorenen Kind« sollten Sie den Fehlglauben verstehen, das Leben müsse mit Armut und Leid, mit Glücklosigkeit und Krankheit verbunden sein. Erst dieser Glaube an Verlust bringt Verlust in Ihr Leben. Die Idee Gottes ist Liebe, Freude und Fülle. Göttliches kann nicht verlorengehen. Gott verliert sich nicht. Und Gott ist Ihr Leben, Ihre Wirklichkeit. Er wohnt Ihnen kraft Geistes, Geist von seinem Geiste, inne.

So kann zwar geschehen, daß Sie die Gesundheit, den Frieden, die Freude oder den Wohlstand verlieren; dann müssen Sie Ihre Einstellung, Ihre Überzeugungen ändern. Sie können sich jederzeit an die unendliche Quelle wenden, die nie versiegt, an die Gotteskraft in Ihnen, die alles heilt.

Von dem Ihnen innewohnenden Geist Gottes ist auch die Rede in dem – falsch verstanden so unbegreiflich hart anmutenden – Markuswort (3, 29): *Wer aber den Heiligen Geist lästert, der hat keine Vergebung ewiglich, sondern ist schuldig des ewigen Gerichts.* Den dem Menschen innewohnenden Geist Gottes zu leugnen und zu mißachten, das heißt lästern im biblischen Sinn, und sündigen bedeutet die einzige, die große Bestimmung des Menschen verfehlen, die Harmonie und Freude, Gesundheit und Frieden ist.

Gegen den Heiligen Geist verstoßen Sie, wenn Sie nicht erkennen, daß Gott allgegenwärtig und deshalb auch in Ihnen ist, Gott als Inbegriff des unendlichen Geistes, an dem Sie teilhaben. Es gibt keine andere Macht als die des Geistes. Wenn Sie äußeren Umständen Macht zuerkennen, beten Sie falsche Götter an. Eine unverzeihliche Sünde gibt es nicht.

Wenn Gott verzeiht, müssen da Sie sich bestrafen?

Gott ist das unendliche Lebensprinzip und verzeiht Ihnen immer. Ob Sie sich in den Finger schneiden, sich brennen oder krank werden, die Allgegenwart Gottes ist immer am Werk, Sie körperlich und geistig zu heilen und wiederherzustellen. Gott bestraft nie.

Wir selbst bestrafen uns, indem wir uns der Führung, Liebe und Heilkraft Gottes versagen. Wenn Sie sich selbst verzeihen, dann ist Ihnen verziehen. Solange Sie sich jedoch weigern, die Wahrheit in bezug auf Gott zu akzeptieren und sich selbst zu verzeihen, verschließen Sie sich dem Zustrom göttlicher Harmonie und Heilkraft. Solange Sie darauf beharren, sich selbst zu verurteilen, und sich schuldig fühlen, kann Ihnen keine Hilfe zuteil werden und keine Heilkraft zufließen. Erkennen Sie darum: Durch Selbstbestrafung tun Sie sich selbst und dem Göttlichen in Ihnen Unrecht an.

Um sich von dieser »Sünde« zu befreien, brauchen Sie lediglich Ihre Einstellung zu ändern. Vergeben Sie sich selbst, dann ist die Vergangenheit vergessen, und niemand erinnert sich je mehr daran. Sie dürfen die symbolträchtige Sprache der Bibel nicht wörtlich auffassen. Wenn beispielsweise jemand ein Dieb war, jetzt aber ehrlich ist, ein anständiges Leben führt und sich selbst vergeben hat, ist er kein Dieb mehr. Er ist ein verwandelter, ein neuer Mensch in Gott. Der einstige Mensch, der Dieb, ist tot, und ein neuer Mensch wurde geboren. Dieser neue Mensch ist geistig, seelisch und körperlich ein anderer als der vormalige Dieb.

Die Wissenschaft hat nachgewiesen, daß sich der menschliche Körper im Laufe von sieben Jahren vollkommen erneuert. Sogar ein Mörder muß sich selbst vergeben können. Wenn er ein guter Mensch geworden ist, ein erfülltes, glückliches Leben führt und seinen Beitrag zum Wohl der Allgemeinheit leistet, ist er ein neuer Mensch in Gott.

Gottes Liebe ist grenzenlos

In einem Erholungsheim sprach ich vor mehreren Tagen mit einer Witwe, die einen bösartigen Tumor gehabt hatte. Kurz vor meinem Besuch hatte ihr der Arzt die freudige Mitteilung gemacht, daß die neueste Röntgenaufnahme keine Spur mehr von dem Tumor zeigte. Natürlich war die Frau überglücklich. Ein paar Monate zuvor war sie von ihrem Arzt über die Diagnose unterrichtet worden und hatte sich voller Angst und Besorgnis an mich gewandt. Die Kranke hat an sich die unendliche Heilkraft der göttlichen Liebe erfahren. Als ehemalige Schülerin des mittlerweile verstorbenen Ernest Holmes kannte sie die Gesetze des Denkens und Glaubens; doch erst aufgrund ihrer Erkrankung hat sie gelernt, diese auch richtig anzuwenden.

Sie hatte täglich inbrünstig gebetet. Drei- bis viermal am Tag hatte sie etwa eine halbe Stunde lang bekräftigt: »Gottes Liebe durchdringt mein ganzes Wesen. Gottes Frieden erfüllt meine Seele. Ich danke für die wunderbare Heilung, die jetzt, in diesem Augenblick, stattfindet.«

Dieses Gebet hatte sie regelmäßig wiederholt, und wenn Angst in ihr aufgestiegen war, hatte sie diese sofort mit den Worten erstickt: »Gottes Liebe erfüllt mein ganzes Wesen.«

Durch solches Beten war es ihr gelungen, die sie anwandelnden negativen Gedanken und Gefühle zu überwinden und Körper, Geist und Seele dem Zustrom für sie segensreicher heilender Energien zu öffnen. Sie hatte die verordneten Medikamente genommen und Gott und ihrem Arzt für die im Geiste vorweggenommene Genesung immer wieder gedankt.

Die Frau ist dank ihrem Glauben geheilt worden. Die von ihr durch die Hinwendung zu Gott erweckte göttliche Heilkraft hat in ihrem Körper alles aufgelöst, was nicht gesund und unversehrt gewesen war.

Geist und Materie, Ursache und Wirkung

Die Wissenschaft unserer Zeit bestätigt, was vor Jahrtausenden schon die altindischen religiösen Schriften, die

Weden, deutlich gemacht haben: Materie ist die niedrigste Stufe von Geist, und Geist ist die höchste Stufe von Materie. Albert Einstein stellte fest, daß Materie und Energie umwandelbar und austauschbar sind, daß Materie Energie ist, die bis zum Punkt der Sichtbarwerdung verlangsamt wurde.

Den Ausdruck »Energie« gebraucht die Wissenschaft für Geist oder – als Inbegriff allen Geistes – Gott. Im Grunde sind Geist und Materie ein und dasselbe. Heute bezeichnen wir sie beide, Materie wie auch Geist, als eine Welt der Dichtigkeiten, Frequenzen, Intensitäten und so weiter. Mit anderen Worten: Alles ist Geist. Die ganze Welt ist Geist, der in zahllosen vielfältigen Ausdrucksformen sichtbar wird. Gott erschuf alles, was ist und lebt, die Erscheinungswelt unserer Erde, das Universum.

Genauso erschaffen Sie kraft Geistes, der in Ihnen wohnt, Ihre »Welt«. Der Geist, der Sie erfüllt, ist die Ursache Ihrer Erfahrungen und Lebensumstände. Als geistbeseeltes Geschöpf Gottes sind Sie zugleich der schöpferische Gestalter Ihres Lebens. Sie verfügen über einen freien Willen und eigene Initiative, Ihr Körper – wie alles Stoffliche – verfügt darüber nicht. In welchem Zustand er sich befindet, wie er sich bewegt, wie er handelt, leibt und lebt, hängt davon an, wie Sie geistig auf ihn einwirken.

Der Körper eines Menschen, der in die geistige Realität höherer Dimensionen übergegangen ist, spricht, lächelt, bewegt sich nicht mehr. Ihn hat sein Geist, das Lebensprinzip, verlassen. Sein Geist lebt in der Wirklichkeit des unendlichen Geistes fort. Doch der Körper zerfällt in dem natürlichen Prozeß des Werdens und Vergehens, der allem Stofflichen anhaftet.

Die meisten Menschen sehen die Ursachen ihrer persönlichen Situation und ihrer Lebensverhältnisse in äußeren Zwängen. Geht etwas schief, ist der Partner schuld oder der Chef, der Arzt, jedenfalls ein anderer, diese oder jene Partei, die Regierung, der Staat, die Menschen, die »eben so sind«, oder es sind die Verhältnisse, die »eben so sind«, der ewige Geldmangel, die Wirtschaftskrise, eine Epidemie.

Ein solches Denken ist falsch. Sie selbst gestalten Ihr Leben. Andere Menschen und äußere Umstände sind nie die Ursache dessen, was Sie sind und erleben, sind weder für Ihre Leiderfahrungen noch für Ihr Glück verantwortlich. Machen Sie sich immer wieder den Unterschied zwischen der Wirkung und der Ursache klar. Die Ursache liegt immer in Ihren eigenen Überzeugungen, in dem, was Sie denken und glauben.

Da geht beispielsweise eine Grippeepidemie um. Ein Angestellter fürchtet, sich anzustecken. Einige seiner Kollegen liegen bereits krank im Bett. Die Nachrichten der Medien über die Epidemie und die Reden seitens der Kollegen oder anderer Menschen vermögen bestimmt nicht zu bewirken, daß es auch ihn erwischt. Seine eigene Angst und seine Erwartungshaltung jedoch können durchaus genügen, daß tatsächlich auch er an der Grippe erkrankt; sie sind die Ursache, nicht die Reden und Hinweise anderer. Erst der Inhalt seines Denkens und Glaubens, der die Krankheit vorwegnimmt, führt zur Erkrankung. Das bedeutet aber auch, daß er ebensogut die Macht hat, solche negativen Reden oder Suggestionen von sich zu weisen.

Einer meiner Freunde erwähnte einmal in einem Gespräch, die ganze Belegschaft habe Husten und Schnupfen. »Kein Wunder, wenn man angesteckt würde!« Ich riet ihm, sich angesichts einer zu befürchtenden Krankheit immer wieder voll Überzeugung vorzusagen: »Ich bin gesund. Gott ist meine Gesundheit.« Er begriff, daß Gott, der ihm innewohnt und sich in den Worten »Ich bin« ausdrückt, nicht krank, nicht mutlos, ängstlich oder in irgendeiner Weise eingeschränkt sein kann.

Mein Freund schien gegen Krankheit geradezu gefeit zu sein. Jedenfalls sagte er mir kürzlich: »In vierzig Jahren Berufstätigkeit war ich nur neun Arbeitstage im Krankenstand.«

Äußere Umstände, denen auch die Suggestionen anderer Menschen zuzurechnen sind, können sich Ihres Zustandes oder Verhaltens nur bemächtigen, wenn Sie die ihnen zugrunde liegende Idee innerlich akzeptieren; Ihre Überzeugung setzt sodann die schon erörterten unterbewußten Mechanismen in Gang, die den Inhalt Ihres Denkens und Glaubens im Leben zur Geltung bringen. Denken Sie immer daran: Was in Ihrem Leben geschieht, haben Sie aufgrund Ihrer Überzeugungen geistig vorweggenommen. Äußere Umstände sind immer nur sekundäre Ursache, die primäre ist geistigen Ursprungs.

Die Frau entdeckte die Ursache ihrer Allergie

Vor einiger Zeit erzählte mir eine Frau, sie sei allergisch gegen rote Rosen. Anscheinend verursachten die Blumen bei ihr krampfartige Anfälle, ein Reißen der Tränengänge in den Augen, Schleimhautentzündung und heftige Atembeschwerden. Nach Meinung der Frau waren die Rosen, und zwar nur die roten, die Ursache ihrer Leiden.

In Wahrheit hatte ihre Allergie jedoch eine ganz andere Ursache. In der Zeit der jungen Liebe hatte ihr Mann ihr oft rote Rosen nach Hause und ins Büro geschickt. Aber wenige Jahre nach der Hochzeit war ihm ein um mehrere Jahre jüngeres Mädchen begegnet; er hatte seiner Frau unverblümt gesagt, sie sei ihm zu alt, er liebe die andere und wolle sie verlassen. Die Frau war von tiefem Haß auf ihren treulosen Mann und dessen Freundin erfüllt. Kurz nach dem Weggang des Mannes war sie von der Allergie gegen rote Rosen befallen worden.

Dr. Joseph Murphys Vermächtnis, Kapitel 2   45

Rosen haben nicht die Eigenschaft, Heuschnupfen, Asthma oder ein anderes Leiden auszulösen. Die verlassene Frau brachte die Blumen in verhängnisvoller Weise mit ihrem verflossenen Mann in Verbindung. Ihre Feindseligkeit und ihr tiefer Haß veranlaßten ihr Unterbewußtsein, die allergischen Symptome hervorzubringen. Negative, zerstörerische Gefühle, die sich im Unterbewußtsein festsetzen, können nur nachteilige Auswirkungen haben. Ihrer Natur entsprechend müssen sie sich zerstörerisch auf den Körper und auf das ganze Leben des betreffenden Menschen auswirken.

Die Erkenntnis, was sie sich selbst antat, brachte der Frau die Heilung. Sie begriff, daß der Inhalt ihres Denkens und Glaubens die Art ihrer Lebenserfahrungen bestimmt, daß Gedanken und Gefühle früher oder später unweigerlich zur Geltung kommen, also im Leben sichtbaren Ausdruck finden. Sie beschloß, sich selbst zu verzeihen, daß sie mit ihrem Haß negative Gefühle gehegt hatte. Auch faßte sie den festen Vorsatz, ihren verflossenen Mann und dessen Freundin Gott zu überantworten und den beiden alle Wohltaten des Lebens zu wünschen. Wenn ihr die beiden einfielen, sagte sie sich sofort voll Überzeugung: »Ich habe euch freigegeben. Gott sei mit euch.«

Nach einiger Zeit war sie dank diesem Verfahren seelisch-geistig frei; sie hatte den bohrenden Stachel ihrer Enttäuschung und Wut überwunden. Sie prägte ihrem Unterbewußtsein neue Inhalte ein, indem sie mehrmals täglich die folgenden lebenspendenden, aufbauenden Wahrheiten bekräftigte: »Ich lebe, bewege mich und habe mein ganzes Sein in Gott. Ich atme den reinen Atem des unendlichen Geistes, und mein ganzes Wesen wird von seiner belebenden Kraft durchdrungen. Ich bin jetzt unversehrt und vollkommen. Ich preise Gott, von dem alles Gute kommt, und danke ihm für meine Genesung.«

Die Frau ist, wie sie mir versicherte, von ihrer Allergie geheilt und kann sich jetzt wieder an allen Rosen freuen, auch an roten.

Sie sind nicht das Opfer, sondern der Schöpfer Ihrer Welt

Seien Sie sich bewußt, daß Sie am unendlichen Geist teilhaben. Er wohnt Ihnen inne. Er ist die eigentliche und einzige Ursache von allem und jedem, was ist und geschieht. Es gibt nichts, was sich diesem unendlichen Geist widersetzen, ihm entgegenarbeiten oder ihn in irgendeiner Weise beeinträchtigen kann. Die Tatsache, daß er auch Ihnen innewohnt, macht Sie zum Schöpfer und Meister Ihrer Welt. Denken Sie daran, daß es Ihre Bestimmung ist, die Herrschaft über Ihr Leben auszuüben und alles – wie es das Gesetz des Geistes gebietet – »unter Ihre Füße zu tun«.

Vor einigen Wochen hielt ich in einer Kirche in Phoenix, Arizona, einen Vortrag. Geistlicher dieser Kirche ist Dr. Blaine Mays, der seine Mitarbeiter wunderbar zu inspirieren versteht und sich mit ganzer Kraft der Verbreitung der Botschaft christlicher Liebe und positiven Denkens verschrieben hat.

Nach meinem Vortrag kam eine Frau zu mir, die seit Jahren an einem Emphysem litt, einer Lungenblähung, die nach Auskunft ihres Arztes eine Folge des Rauchens war. Ich empfahl ihr ein Gebet, dessen Herkunft sich im Nebel der Zeit verloren hat: »Ich atme den Frieden Gottes ein und die Liebe Gottes aus. Der Atem des Allmächtigen schenkt mir Lebenskraft und Harmonie.«

Vergangene Woche bekam ich einen Brief von ihr, in dem sie schrieb, daß sie das Gebet jeden Abend vor dem Schlafengehen ruhig und inbrünstig gesprochen habe

Dr. Joseph Murphys Vermächtnis, Kapitel 2

und daß sie jetzt dem ärztlichen Befund zufolge vollkommen geheilt sei; auch rauche sie nur noch selten.

Jeder Arzt müßte bestätigen, daß sich ein Emphysem nicht binnen weniger Wochen »wegzaubern« läßt. Und doch ist es dieser Frau gelungen, die Krankheit »unter ihre Füße zu tun«. Solche »Wunder« sind nur kraft Geistes möglich.

Das »Kreuz« der Materie und der unendliche Geist

Die chinesische Stadt Foshan ist bekannt durch ihren alten taoistischen Tempel und ihre Porzellanindustrie. Auf der im ersten Kapitel schon erwähnten Fernostreise kam es zwischen mir und einem Mönch zu einem Gespräch, das wir mit Hilfe eines Dolmetschers führten. Der Mönch fragte mich nach meiner Auffassung von der Kreuzigung. Ich wies im Sinn der alten Lehre darauf hin, daß immer, wenn das Absolute sichtbar wird, die Kreuzigung stattfinde; sie sei ein Mahnmal der Sichtbarwerdung des unendlichen Geistes in der sichtbaren Welt, das Zeichen des Überwechselns aus dem Unsichtbaren ins Sichtbare.

Der Mönch war mit meiner Erklärung vollkommen einverstanden und fügte hinzu, in jedem Menschen vollziehe sich die Kreuzigung. So überraschend das anmuten mag, so richtig erschien mir seine Erklärung: Gott, der allmächtige, lebendige Geist, wohnt jedem Menschen inne, und jeder Mensch ist aber an das Kreuz der Materie geschlagen. Der chinesische Weise breitete die Arme seitwärts aus und stellte so körperlich-figurativ das Kruzifix dar. So sei, sagte er, wie das an Jesus dramatisch sichtbar geworden war, der Geist des Menschen an ein Kreuz geschlagen und dadurch scheinbar eingeengt. Der Geist sei aber nur so lange an die Materie gefesselt, wie er der mit den fünf Sinnen erfahrbaren Dingwelt verhaftet bleibe und sich nicht über sie erhebe. »Schließlich ist«, sagte er lächelnd, »eurer christlichen Heilslehre zufolge Jesus Christus nicht nur gekreuzigt worden, sondern auch wieder auferstanden.«

Der Durchschnittsmensch unserer Kultur ist sich nicht bewußt, daß er in seinem Inneren Gott beherbergt und daß ihm die Kraft des unendlichen Geistes zu Gebote steht. Der zu wahrer Erkenntnis erwachte Mensch aber weiß, daß er durch seinen Körper nicht eingeengt und auch nicht in ihm gefangen ist. Im Geiste ist der Mensch frei, vollkommen frei.

Die Auffassung der Kreuzigungsidee, wie sie vorstehend von einem chinesischen Mönch uns Menschen christlicher Religion gegenüber dargestellt wurde, ist nicht so neu, wie man auf den ersten Blick meinen könnte. Die Kreuzigung bedeutete immer schon ein Überwechseln, ein Hinübergehen. Die alten Mystiker sagten, daß die Sonne, wenn sie am 21sten März den Äquator überschreitet, sich »kreuzige«, damit der Mensch leben könne. Nach dieser »Kreuzigung« werden alle Samen, die während des langen Winterschlafes im Boden eingefroren sind, wiedererweckt, *und das dürre Land wird fröhlich stehen und wird blühen wie die Lilien* (Jesaja 35, 1). Für die alten Hebräer verströmte die Sonne beim Überschreiten des Äquators »ihr Leben«, damit Leben überall auf dieser Erde sei.

Die heiligen Schriften aller Kulturen sind psychologische Dramatisierungen erhabener universell gültiger Wahrheiten. Sie enthüllen aber ihre wirkliche Bedeutung nur, wenn sie psychologisch und spirituell richtig gedeutet werden.

Das uralte Symbol der Kreuzigung versinnbildlicht den Tod des archetypischen Menschen am Kreuz der Materie und seine Wiederauferstehung im Geiste. Damit wird aber auch versinnbildlicht, daß jeder Mensch »Geist von seinem Geiste«, die göttliche Allgegenwart, in sich trägt, daß jedem von uns Gott innewohnt.

Die Kreuzigung ist auch ein Sinnbild für das göttliche Opfer: die Einengung der jedem Menschen gegebenen göttlichen Fähigkeiten und Energien in den verschiedenen Formen der Materie und der Ablauf unserer körperlich-materiellen Existenz.

Durch das Bild der Kreuzigung wird ferner die negative Anwendung göttlicher Gesetze symbolisch dargestellt. In einem seiner Briefe sagt Paulus: ... *Denn es steht geschrieben:* »*Verflucht ist jedermann, der am Holz hängt!*« (Galater 3, 13). Damit wird uns deutlich gemacht, daß Millionen Menschen das Gefühl haben, ja fest glauben, Opfer ihrer Umwelt zu sein, Opfer der Vererbung, verschiedenster Konditionierungen und ihrer sozialen Umgebung.

Wir alle müssen erkennen, daß der lebendige Gott, der unendliche Geist, in dem »Grab der Materie« ruht, das wir »Körper« nennen, und daß wir erst dann zum wirklichen Leben erwachen, wenn wir das Göttliche in uns erkennen und uns mit dieser in uns ruhenden Gegenwart und Kraft verbünden, geistig auferstehen und wachsen, emporsteigen. Nur so können wir ein erfülltes, glückliches Leben führen. Daß dies möglich ist, wird unter anderem durch die Tatsache belegt, daß viele der erlauchtesten Geister der Menschheit, aus Elendsvierteln und Ghettos kommend, Großes geleistet und die Welt verändert haben.

»Wer unter dem Schirm des Höchsten sitzt ...«

Nach dem verheerenden Brand im MGM-Hotel in Las Vegas, bei dem viele Menschen ums Leben kamen, andere schwere Verletzungen erlitten und wertvolle Besitztümer verloren, rief mich eine Frau an. Sie berichtete, daß sie am Tag vor dem Brand in dem Hotel abgestiegen sei und während der Nacht einen lebhaften Traum gehabt habe. Eine schöne, engelhafte Frauengestalt war ihr erschienen und hatte gesagt: »Verlasse sofort das Hotel. Ein Feuer wird ausbrechen, und viele werden sterben.« Die Frau hatte die Anweisung befolgt und war in ein anderes Hotel übersiedelt, zwölf Stunden vor der Brandkatastrophe.

Hier war, wie moderne Parapsychologen sagen würden, die Intuition oder – in dieser präzisen Form der Warnung – die außersinnliche Wahrnehmung, und zwar Vorauswissen (Präkognition), im Spiel; aber wie immer wissenschaftlich oder unwissenschaftlich wir die höhere Weisheit nennen wollen, die dieser Frau die Erscheinung des Engels geschickt hatte, um sie zu warnen und ihr zu enthüllen, was passieren würde, es ist das Göttliche im Menschen: sein Geist.

Ihr höheres Ich, der Ihnen innewohnende unendliche Geist, versucht Sie immer zu schützen. Manchmal wird Ihnen, um Sie zu warnen, ein Traum, oft auch wie dieser Frau eine Vision zuteil. Die Frau war für Warnungen dieser Art empfänglich, denn sie meditiert seit langem jeden Abend vor dem Einschlafen über den 91sten Psalm, den man auch als den großen Schutzpsalm bezeichnet und dessen erster Vers lautet: *Wer unter dem Schirm des Höchsten sitzt und unter dem Schatten des Allmächtigen bleibt, der spricht zu dem Herrn: Meine Zuversicht und meine Burg, mein Gott, auf den ich hoffe.*

EIN GEBET UM GÖTTLICHE FÜHRUNG

»Gott ist das Lebensprinzip. Gott ist in allem, was da ist und lebt. In Gott, also zusammen mit Gott, bilden wir immer eine Mehrheit ... *Ist Gott für uns, wer mag wider uns sein?* (Römer 8, 31).

Ich weiß und glaube, daß Gott der allmächtige lebendige Geist ist – der unvergängliche und allwissende Geist – und daß es keine Macht gibt, die Gott widersprechen könnte. Wenn meine Gedanken auf Gott ausgerichtet sind, ist die Kraft Gottes mit meinen Gedanken an das Gute. Dies weiß ich, und ich habe es innerlich vollkommen akzeptiert.

Mir ist klar, daß ich nicht empfangen kann, was ich nicht gebe. Ich sende Gedanken der Liebe, des Friedens, des Wohlwollens und der Freundlichkeit aus an ... (führen Sie den oder die Namen der Person oder Personen an) und an alle anderen Menschen. Ich bin ganz von Gott durchdrungen. Ich bin vom Schutz der Liebe Gottes umschlossen und deshalb gefeit gegen jegliches Übel. Die Liebe Gottes hüllt mich ein und leitet mich.

Ich werde auf allen meinen Wegen göttlich geführt und finde zu echter Lebensfreude. ... *Vor dir ist Freude die Fülle und liebliches Wesen zu deiner Rechten ewiglich* (Psalm 16, 1).«

KAPITEL 3

Die Allgegenwart der unendlichen Heilkraft

Im zweiten Buch Mose (15, 26) lesen wir: ... *Wirst du der Stimme des Herrn, deines Gottes, gehorchen, und tun, was recht ist vor ihm, und zu Ohren fassen seine Gebote, und halten alle seine Gesetze, so will ich der Krankheiten keine auf dich legen ...; denn ich bin der Herr, dein Arzt.*

Es gibt nur die eine Heilgegenwart und Heilkraft: *Ich bin der Herr, dein Arzt.* Diese Heilkraft wirkt in den Tieren, im Erdboden, in den Pflanzen und in allen Menschen. Heilen bedeutet ganzmachen, die Unversehrtheit wiederherstellen. Krankheit ist ein Zustand, in dem diese Unversehrtheit aufgehoben ist. Gott – oder das Lebensprinzip – trachtet immer zu heilen, und jede Heilung erfolgt auf seelisch-geistigem Weg, aufgrund der Gotteskraft, die in uns ist.

Wie uns die Bibel sagt, müssen wir tun, was recht ist und den göttlichen Gesetzen entspricht. Wir müssen, heißt das, unser Leben in Einklang mit den Attributen Gottes bringen, der der Inbegriff der Liebe und Freude, des Guten und Vollkommenen ist. Dem widersprechen Mangel, Einschränkung, Krankheit und Leid. Doch der Mensch ist, was er denkt, glaubt und fühlt. Schöpferisch gestaltet er sein Leben. Widmen Sie deshalb Ihre Aufmerksamkeit dem, was wahr und schön, was gut und gottgefällig ist. Die Vergegenwärtigung der Gottesattribute und die Bekräftigung der Gotteskraft in Ihnen wird Sie vor Krankheit bewahren oder, wenn Sie krank sind, wieder gesundmachen.

In den Psalmen gibt es ebenfalls eine wunderbare Stelle, die vom Heilen handelt: *Lobe den Herrn, meine Seele, und vergiß nicht, was er dir Gutes getan hat: der dir alle deine Sünden vergibt und heilet alle deine Gebrechen, der dein Leben vom Verderben erlöst, der dich krönet mit Gnade und Barmherzigkeit; der deinen Mund fröhlich macht, und du wieder jung wirst wie ein Adler* (Psalm 103, 2–5).

Diese Bibelworte ermahnen Sie, dankbar für die Segnungen und Wohltaten des Lebens zu sein, weil das dankbar erhobene Gemüt immer Gott nahe und deshalb auf die schöpferischen Kräfte des unendlichen Geistes eingestimmt ist. Wenn freudige Erwartung Ihren Geist und Ihr Gemüt erfüllt, werden Sie ein spiritueller Magnet, der das für Sie Gute anzieht, aber auch das für andere Menschen Gute zu bewirken vermag.

In dem zitierten Psalm wird Ihnen auch nochmals ins Gedächtnis gerufen, daß Gott – oder das Leben – Ihnen immer verzeiht. Sie müssen sich nur selbst verzeihen können. In dem Augenblick, da Ihnen um der Änderung Ihres Denkens und Handelns willen die Gnade zuteil wird, nicht mehr an den Vorfall zu denken, den Sie sich verziehen haben, ist die Vergangenheit für alle Zeit vergessen. Gott ist die Liebe. Die Idee der Bestrafung entspringt menschlichen Schuldgefühlen und menschlicher Rachsucht; sie hat mit dem unendlichen Geist nichts zu tun. Das Lebensprinzip tendiert immer dazu, sich in Form von Harmonie, Schönheit, Freude, Liebe und Frieden auszudrücken.

Die Rückkehr zur Quelle der Unversehrtheit

Welche Krankheiten oder welches Leiden Sie auch immer

befallen mag, immer liegt die Ursache in zerstörerischen Einstellungen, die mit einer in Ihrem Unterbewußtsein sitzenden Angst verbunden sind. Die Inhalte Ihres Unterbewußtseins können Sie durch Beten ändern; und Beten ist die Vergegenwärtigung der universell gültigen Wahrheiten Gottes. Es führt zu dem erhebenden Gefühl des Einsseins mit Gott und zum Innewerden der höchsten Lebenswerte.

Wenn Sie Ihr Unterbewußtsein mit den ewig unveränderlichen Wahrheiten als dem höchsten und beglückendsten Aspekt positiven Denkens füllen und sich selbst verzeihen, werden Sie die als Folge negativen Denkens und Glaubens in Ihnen schwärenden Konflikte auflösen, ja auslöschen. Dann wird auch der sichtbare Ausdruck dieser Denk- und Gefühlsmuster, Ihr Leiden oder Ihre Krankheit, zwangsläufig verschwinden. Dies ist die Grundlage jedweder Genesung, aber auch jedweden Heilens.

Jesus sagte zu den Jüngern: *Geht aber und predigt und sprecht: Das Himmelreich ist nahe herbeigekommen. Macht die Kranken gesund, reinigt die Aussätzigen, weckt die Toten auf, treibt die Teufel aus. Umsonst habt ihr's empfangen, umsonst gebt es auch* (Matthäus 10, 7–8). Krankheit jeglicher Art ist nichts anderes als ein Einsturz der Unversehrtheit oder ein mangelndes Gefühl des Einsseins mit der unendlichen Heilgegenwart, die jedem von uns innewohnt. Anders ausgedrückt: Wenn wir krank sind, haben wir uns von der inneren Quelle der Unversehrtheit, Schönheit, Lebenskraft und Vollkommenheit gelöst.

Der Psalmist sagt: *Er ... führet mich zum frischen Wasser. Er erquicket meine Seele* (Psalm 23, 2–3). Die Seele ist das Unterbewußtsein, und dieser tiefinnere Geist muß erquickt werden. Dies bedeutet, daß Sie Ihr Unterbewußtsein durch eine neue Einstellung, also eine neue

Denk- und Fühlweise gesundmachen und ihm die ursprüngliche Unversehrtheit wiedergeben müssen. Der Körper bringt nur das zum Ausdruck und macht nur das sichtbar, was dem Unterbewußtsein eingeprägt wird. Die Unversehrtheit des Unterbewußtseins ist also eine Voraussetzung für körperliche Gesundheit.

Sie erfuhr an sich eine spirituelle Heilung

Die Nachricht, daß ihr Enkelsohn in Hawaii mit einem Mädchen zusammenlebte und sein Universitätsstudium vernachlässigte, regte die Großmutter eines jungen Mannes furchtbar auf. Besonders erbitterte die alte Dame, daß er ein uneheliches Kind gezeugt hatte. Sie bezahlte sein Studium; darum fühlte sie sich betrogen und war zutiefst verletzt.

Ich machte ihr klar, daß der junge Mann und seine Freundin über einundzwanzig, also für sich selbst verantwortliche, erwachsene Menschen seien, und daß sie, die Großmutter, auch wenn sie den Enkel unterstütze, das Leben der beiden nicht beherrschen könne oder auch nur zu beherrschen versuchen dürfe. Meine Erklärung öffnete ihr die Augen. Sie sah ein, daß sie über das junge Paar willkürlich ein abschätziges Urteil gefällt und den beiden jungen Menschen Unrecht angetan hatte – und sie begriff, daß dies die Ursache ihres gefährlich hohen Blutdrucks war, den auch starke Medikamente nicht wesentlich zu senken vermochten.

Die alte Dame erkannte, daß ihre Einstellung falsch war. Sie begriff, daß ihre Feindseligkeit und ihr Zorn wie Gift wirkten und daß solche negativen, zerstörerischen Gefühle ihr eigenes Wohlbefinden beeinträchtigten, aber an den Gegebenheiten rein gar nichts änderten. Sie beschloß, ihre Einstellung zu ändern. Ich empfahl ihr ein einfaches Verfahren meditativer Sammlung, das wir viel besser schlicht Beten nennen. Mehrmals täglich bekräftigte sie voll Überzeugung: »Ich überantworte meinen Enkelsohn und seine Freundin vollkommen Gott. Die beiden werden göttlich geführt. Göttliches rechtes Tun beherrscht sie. Gott liebt sie und sorgt für sie. Göttliches Recht und göttliche Ordnung bestimmen ihr Leben, und sie bringen von Tag zu Tag mehr von dem, was göttliche Wahrheit und Schönheit ist, sichtbar zum Ausdruck.«

Sie vergegenwärtigte sich diese Wahrheiten regelmäßig, senkte sie so in ihr Unterbewußtsein und neutralisierte das Gift der sie anwandelnden negativen Gedanken und Gefühle. Wenn die alte Dame an das junge Paar dachte, bekräftigte sie sogleich: »Gott führt euch. Gott liebt euch und sorgt für euch.«

Ihr Blutdruck normalisiert sich jetzt zusehends, so versicherte sie mir kürzlich, und sie hat ihren Seelenfrieden wiedergefunden. Beides verdankt sie der Erkenntnis, daß niemand außer ihr selbst sich ändern mußte. Dies ist ein Fall einer rein spirituellen Heilung.

Das »Wunder« der Heilung einer Gelähmten

Stimmen Sie sich auf die unendliche Heilgegenwart ein, die Ihnen innewohnt, und denken Sie vom Standpunkt universeller Prinzipien und ewig gültiger Wahrheiten aus. Meditieren Sie regelmäßig über diese Prinzipien und Wahrheiten.

Lösen Sie sich vom äußeren Schein, von falschen Überzeugungen und von negativen Gedanken und Gefühlen. Akzeptieren Sie geistig sowie aus ganzem Herzen, aus ganzer Seele die wunderbare Wahrheit, daß Gott, der allmächtige Geist und die unendliche Heilgegenwart, die Ursache von allem ist, was ist und geschieht, daß Bedingungen, äußere Umstände und Vorgänge lediglich Wirkungen beziehungsweise Auswirkungen sind. Verwechseln Sie eine Wirkung nicht mit der Ursache. Gott ist der unendliche Geist, es gibt keine andere Ursache, keine andere Macht.

Immer wieder brechen in Südkalifornien verheerende Buschbrände aus, denen Hunderte von Wohnhäusern und oft auch Menschen zum Opfer fallen. An Pfingsten 1981 rief mich ein alter Freund an, der schon seit dreißig Jahren in Los Angeles meine Rundfunksendungen hört und in letzter Zeit regelmäßig meine sonntäglichen Vorträge in El Toro besucht. Seine Stimme klang am Telefon sehr erregt. Die Feuerwehr habe ihn verständigt, sagte er, daß sich das seit Tagen um sich greifende Feuer gefährlich seinem Haus nähere, in dem seine seit fünf Jahren gelähmte Frau hilflos im Bett lag. Ich beruhigte ihn und empfahl ihm, ein bestimmtes Schutzgebet für seine Frau zu beten.

Später berichtete er mir dann, daß er, als er, von panischer Angst getrieben, von Los Angeles angefahren kam, zu seiner Verblüffung seine Frau im Haus herumgehen und aus dem im waldangrenzenden Teil bereits brennenden Gebäude kleinere Möbelstücke heraustragen sah.

Die Frau hatte den Rauch gerochen und erkannt, daß eine Feuersbrunst ausgebrochen sein mußte. In einer solchen Notsituation ist der Wunsch eines Menschen, sein Leben zu retten, begreiflicherweise übermächtig. Das Bewußtsein ist in solchen Fällen weitgehend ausgeschaltet. So konnte im Fall dieser bedrohten Frau die Kraft des unendlichen Geistes als Teilhabe der ihr innewohnenden Gotteskraft zur Geltung kommen. Diese Kraft hatte ja immer schon in ihr geschlummert; sie war nur vom Bewußtsein und vom Glauben der Frau überlagert worden, sie sei für den Rest ihres Lebens gelähmt, und so müsse es sein.

Die unendliche Heilgegenwart, die uns allen zuteil ist, dieses göttliche »Ich bin«, geht jedoch über derartige Einschränkungen unseres Denkens und Glaubens hinweg, wenn wir die Gotteskraft in uns anrufen. Sie gab der Frau, die sie anrief, die Kraft, sich zu erheben und sich zu bewegen, als wäre sie nie gelähmt gewesen. Solche »Wunder« geschehen häufig in Notsituationen, wenn ein Mensch voll Inbrunst um Rettung fleht.

Glaubensheilung und spirituelle Heilung

Überall auf unserer Erde finden spontane Heilungen statt, sogenannte Glaubensheilungen. Sie ereignen sich vor Schintoschreinen ebenso wie in buddhistischen Tempeln oder an christlichen Kultstätten. Viele Menschen werden aufgrund ihres Glaubens an die Heilkraft von Amuletten, Ikonen, Reliquien, Talismanen und dergleichen mehr geheilt. Kranke pilgern nach Lourdes oder an andere Wallfahrtsorte, baden in sogenanntem wundertätigem Wasser und werden geheilt – andere allerdings nicht.

Heilung finden nur die Menschen, die solche Stätten mit großen Erwartungen, fester Überzeugung, angeregter Phantasie und inbrünstigem Glauben aufsuchen.

Ob der Inhalt ihres Glaubens, ihrer Überzeugung, falsch oder richtig ist, spielt keine Rolle. Nicht wenige Menschen glauben daher an »Wunder«: daß also Gott seine Gesetze, die diese Menschen als Naturgesetze verstehen, außer Kraft setze, weil sie ihn anrufen und anflehen. Das ist natürlich falsch. Gott und seine Gesetze sind unveränderlich, gestern, heute und in Ewigkeit.

Auch von »Zauberdoktoren« des Wudukults oder von indianischen Schamanen werden zahlreiche Menschen geheilt. Voraussetzung ist immer, daß die Kranken inbrünstig an sie und ihre Heilkraft glauben. Bei manchen Bekehrungsversammlungen, denen die Menschen emotionell erregt beiwohnen und hypnotischen Suggestionen unterliegen, kommt es ebenfalls zu Spontanheilungen. Das Problematische an solchen Heilungen ist jedoch, daß sie zwar möglich, aber nur selten von Dauer sind. Fast immer erfolgt ein Rückfall. Der Grund liegt darin, daß der Mensch, um eine dauerhafte Heilung an sich zu erfahren, die Ursache seiner Krankheit beseitigen muß. Und das geschieht hier nicht.

Wenn Sie Ihr Denken, Glauben und Fühlen nicht von allem, was der Idee Gottes widerspricht und zerstörerisch ist, »reinigen« und die negativen Prägungen Ihres Unterbewußtseins nicht durch neue, positive ersetzen, wird die Krankheit in Kürze von neuem auftreten.

Die spirituelle Heilung hingegen beruht auf der Einstimmung Ihres Bewußtseins – und somit Ihres Unterbewußtseins – auf die Allgegenwart Gottes, des unendlichen Geistes. Bekräftigen Sie, daß alles, was auf Gott zutrifft, auch auf Sie zutrifft. Erkennen Sie das Göttliche in sich selbst und in jedem anderen Menschen. Wenn Sie das tun, vermögen Sie sich selbst und anderen Menschen vollkommen zu verzeihen, denn Gott ist die grenzenlose Liebe. Vergebung ist die Grundvoraussetzung für eine echte, dauerhafte Heilung.

Verschließen Sie sich zerstörerischem Denken und den Anwandlungen destruktiver Gefühle der Angst und Feindseligkeit. Erwecken Sie statt dessen in sich, indem Sie sich die Attribute Gottes vergegenwärtigen, Liebe, Frieden, Harmonie und Wohlwollen gegenüber allen Menschen. Vertrauen Sie auf die unendliche Güte Gottes. Wünschen Sie allen Ihren Mitmenschen, was Sie sich selbst wünschen. Sie werden es übrigens wissen, wenn Sie wirklich vergeben haben; denn dann können Sie dem oder den betreffenden Menschen im Geiste begegnen, ohne noch länger den Stachel inneren Aufruhrs in sich zu spüren.

Erst wenn Ihr Bewußtsein und Ihr Unterbewußtsein auf die universell gültigen Prinzipien des unendlichen Geistes eingestimmt sind, kann die Heilung stattfinden. Auch jede körperliche Genesung setzt geistig-seelische Heilung voraus. Vergegenwärtigen Sie sich daher immer wieder die großen, unveränderlichen Wahrheiten Gottes, des unendlichen Geistes, und bekräftigen Sie diese immer wieder von neuem und voll Überzeugung.

Gott ist Harmonie und Frieden, ist Liebe, Freude und Fülle. All diese Schätze des unendlichen Geistes befinden sich in Ihnen selbst. Sie müssen sie nur zum Leben erwekken, und zwar jetzt! Friede herrscht jetzt – machen Sie sich ihn jetzt zu eigen. Freude herrscht jetzt – lassen Sie sich von ihr jetzt hochtragen. Liebe beglückt jetzt – erfüllen Sie jetzt Ihre Seele mit göttlicher Liebe. Entscheiden Sie sich jetzt für Unversehrtheit und Fülle. Auch Führung wird jetzt gewährt, Probleme werden jetzt gelöst, Bitten jetzt erhört. Gott ist allgegenwärtig in Raum und Zeit. Sie können diese Wahrheiten genausogut jetzt bekräftigen und mit Leben erfüllen wie in fünfzig Jahren. Warum sollten Sie das Gute, Ihr Glück, auf später verschieben? Sichern Sie es sich jetzt!

Wichtiger als alles, was Ihnen andere Menschen predigen, ist das, was Sie sich selbst »predigen«. Damit ist gemeint, daß Sie sich die ewig gültigen Wahrheiten immer wieder selbst »verkünden« sollen. Und wenn Sie sie kennen, sie wirklich in sich aufgenommen haben, können Sie sie anwenden und nutzen. Heilung findet jetzt statt. Warum zuwarten? Die unendliche Heilgegenwart wohnt Ihnen inne. Damit sie an Geist, Seele und Körper sichtbaren Ausdruck findet, müssen Sie sich lediglich der Wahrheit öffnen. Dann werden die Ergebnisse nicht ausbleiben.

Sie verfügen über immense geistige Fähigkeiten, und Sie sind dazu geschaffen, diese Fähigkeiten zu entfalten. Bevor Sie jedoch andere etwas lehren können, müssen Sie es selbst lernen. Der utopische Drang eines Menschen, auszuziehen und die ganze Welt zu ändern, offenbart nur dessen Eingeschränktheit und Mangel an Verständnis. Es ist eine Binsenwahrheit, daß eingeengte Menschen dazu neigen, ihre Beschränktheit auf andere zu projizieren. Wenn Sie, wie es leider immer wieder geschieht, lauthals verkündet, absurde Lehren hören, die die universell gültigen Wahrheiten verdrehen und Feindschaft und Haß verkünden, wird Ihnen anschaulich klar, daß die Urheber solcher Lehren die Wahrheit nicht entdeckt, geschweige denn sich selbst »gepredigt« haben.

Wahrheit befreit. Sie ruft in Ihnen Gefühle weder der Angst, der Schuld noch des Zweifels und der Beengtheit hervor. Wahrheit zerbricht alle Fesseln, beseitigt falsche Vorstellungen vom Leben und bringt Sie auf den erhabenen Weg zu Freiheit und Seelenfrieden.

Sehen Sie in jedem Menschen das Göttliche

Ist Ihnen schon einmal der Gedanke gekommen, daß alles, was Sie in anderen Menschen sehen, auch in Ihnen sein muß? Muß man das, was man sieht, nicht zwangsläufig auch werden – »Gott, wenn du Gott siehst, Staub, wenn du Staub siehst«? Die Welt, die wir sehen, ist die Welt, die wir sind. Wir projizieren ständig unsere Unvollkommenheiten, Mängel, Voreingenommenheiten und Vorurteile auf unsere Umgebung. Mit anderen Worten: Wir betrachten die Welt durch die Brille unserer eigenen Denkungsart.

Es hat keinen Sinn, daß Sie in einer mystischen Anwandlung beschließen, die Welt zu ändern. Wenn Sie sich

Dr. Joseph Murphys Vermächtnis, Kapitel 3 63

den Wahrheiten des Lebens öffnen, werden Sie erkennen, daß die Welt, die Sie um sich sehen, weitgehend eine Projektion dessen ist, was Sie in sich tragen. Machen Sie es sich zur Gewohnheit, in anderen Menschen die Gegenwart Gottes zu sehen, das ihnen innewohnende Göttliche. Wenn Sie mit Ihren Angehörigen und Arbeitskollegen gut auskommen wollen, sollten Sie sich häufig vergegenwärtigen und sagen: »Ich sehe in ihm (in ihr) das Göttliche, und zwischen uns herrschen Harmonie, Frieden, Verständnis, Liebe.«

Denken Sie daran, daß Sie, wenn Sie eine perfekte Welt haben wollen, zuerst selbst perfekt sein müßten. Solange Sie es nicht sind, können Sie unmöglich eine perfekte Welt sehen, denn Sie sehen immer nur spiegelbildlich die Inhalte Ihres eigenen Bewußtseins. *Den Reinen ist alles rein* ... (Titus 1, 15). *Ich weiß ..., daß nichts gemein ist an sich selbst; nur dem, der es rechnet für gemein, dem ist's gemein* (Römer 14, 14). Ihre eigene Auffassung von sich selbst führt dazu, daß Sie andere als »gemein« ansehen.

Ändern Sie Ihre Meinung über sich selbst! Bekräftigen Sie, daß Sie ein Geschöpf des lebendigen Gottes sind, dann werden Sie bald eine andere Welt sehen. Wenn Sie Schönes in sich tragen, können Sie Schönes auch in Ihrer Umwelt sehen. Wenn Sie an das Gute glauben, werden Sie ihm auch begegnen. Versuchen Sie, Ihre Fähigkeiten in gottgefällige Bahnen zu lenken.

Eine dieser Fähigkeiten ist beispielsweise die Phantasie oder Vorstellungskraft. Stellen Sie sich vor, *was lieblich ist, was wohllautet.* Stellen Sie sich vor, daß Sie tun, was Sie gerne tun möchten. Vergegenwärtigen Sie es sich bildhaft und so lebhaft, daß sie es als erlebte Wirklichkeit empfinden, und es wird Wirklichkeit werden.

Was Sie vor Ihrem inneren, geistigen Auge sehen, worauf Sie Ihre Aufmerksamkeit konzentrieren, das wird in

Ihrem Leben vergrößert zum Ausdruck kommen. Wenn Sie denken: Ich bin eben ein Versager, ich tauge nichts, ich erleide einen Fehlschlag nach dem anderen, werden Sie eben wegen dieser Ihrer Einstellung zwangsläufig scheitern, enttäuscht und schließlich ein verbitterter Mensch werden. Auch werden Sie wegen Ihrer niedrigen Selbsteinschätzung und mangelnden Selbstachtung mit Ihren Mitmenschen nicht auskommen. Wie sollen Sie da befördert werden? Wer sich selbst nicht achtet, kann von anderen nicht geachtet werden.

Machen Sie es sich darum zur Gewohnheit, sich täglich auf Erfolg einzustimmen. Sagen Sie sich immer wieder voll Überzeugung:

»Ich bin geboren, um Erfolg zu haben und alle Probleme zu meistern. Ich bin in allem, was ich engagiert angehe, erfolgreich und werde mich dank der Gotteskraft, die mir innewohnt, über alle Hindernisse, Beeinträchtigungen und Schwierigkeiten hinwegschwingen. Ich bin ruhig und heiter, ich bin frei.«

Vergegenwärtigen Sie sich diese Leitideen immer wieder. Tun Sie es beharrlich, bis sie Ihnen zur inneren Gewißheit werden. Was Sie tagtäglich denken, glauben, fühlen, prägt sich nicht nur Ihrem Bewußtsein, sondern auch Ihrem Unterbewußtsein ein. Und weil alles, was Ihrem Unterbewußtsein eingeprägt wird, infolge der bereits beschriebenen tieferen geistig-seelischen Mechanismen in Ihrem Handeln und somit in Ihrem Leben seinen Niederschlag findet, werden sich die Ihnen zur inneren Wahrheit gewordenen Leitideen verwirklichen.

Orientieren Sie sich daher an Ideen, die im Einklang mit den universell gültigen Prinzipien stehen. Entscheiden Sie sich für Harmonie, Frieden, Erfolg und Fülle, für Freude und Liebe. Das sind göttliche Ideen. Bringen Sie diese göttlichen Ideen in Ihrem Leben zu sichtbarem Ausdruck.

Sie heilte durch ihre bloße Gegenwart

In Tokio führte ich ein beglückendes Gespräch mit einer Frau. Sie gehört der No-Io-Foundation an, die Dr. Masaharu Taniguchi leitet, der »Gandhi Japans«, wie er manchmal genannt wird. Die Frau ist eine großartige spirituelle Heilerin. Sie wirkt ruhig und heiter, und von ihr geht eine wunderbare Ausstrahlung aus. Sie verströmt buchstäblich eine heilende Atmosphäre.

Wie mir die Frau erzählte, besucht sie in den verschiedensten Krankenhäusern der Stadt häufig kranke Menschen. Sie setzt sich zu ihnen ans Bett und stellt sich vor, wie die Heilgegenwart Gottes die Kranken ganz durchdringt und ausfüllt. Sie bleibt zwischen fünf und zehn Minuten in dieser stillen, versunkenen Betrachtung sitzen. Häufig tritt danach eine ungewöhnliche Besserstellung der Patienten ein, bisweilen eine unvermutete Heilung. Mit den Patienten spricht die Heilerin sehr wenig, gewöhnlich nur ein paar Worte. Sie vermag auf das Unterbewußtsein der Kranken einzuwirken und dadurch den Heilprozeß in Gang zu setzen.

Die Frau sagte mir in schlichten, schönen Worten, daß ein spirituell ausgerichteter Mensch, der von einem Gefühl der Unversehrtheit und des Einsseins mit dem unendlichen Geist erfüllt wird, unmöglich in einem kranken Körper leben könne. Paulus sprach so zu uns: *Die Frucht ... des Geistes ist Liebe, Freude, Friede, Geduld, Freundlichkeit, Gütigkeit, Glaube, Sanftmut, Keuschheit. Wider solche ist das Gesetz nicht* (Galater 5, 22–23).

Bekräftigen Sie voll freudiger Überzeugung, daß Sie von Tag zu Tag immer mehr Liebe, Freude, Frieden und Harmonie sichtbar zum Ausdruck bringen, dann werden Sie bald feststellen, daß Sie unaufhaltsam vorwärts gehen, aufwärts, Gott entgegen. Wenn Sie über solche göttlichen Ideen meditieren und Ihren Geist und Ihr Gemüt mit diesen Wahrheiten erfüllen, wird sich Ihr Leben glücklich gestalten.

Lehnen Sie die verbreitete Vorstellung, wir seien auf die Erde gestellt, um zu leiden, entschieden ab. Es ist nicht Gottes Wille, daß wir leiden. Wir Menschen leiden einzig wegen der falschen Anwendung der Gesetze des Denkens und Glaubens.

Es lag an seiner Geistes- und Gefühlshaltung

Vor einigen Jahren besuchte ich einen kranken Mann, der wegen eines Magengeschwürs zu Hause im Bett lag. Sein Arzt hatte mir gesagt, irgendeine Blockierung verhindere die Genesung dieses Patienten, denn eigentlich müßte er längst gesund und wieder arbeitsfähig sein. Der Mann erzählte mir, er sei praktizierender Katholik, halte die Zehn Gebote und zahle pünktlich die Kirchensteuer. Auch habe er regelmäßig Kranke betreut, den Gottesdienst besucht und kommuniziert.

Doch dieser Mann haderte mit Gott. Er ärgerte sich über seine Krankheit, die ihn »schon soviel Geld gekostet und geschäftlich zurückgeworfen« habe. Verständnislos warf er mir an den Kopf: »Warum tut Gott mir so etwas an?« Der Mann war streitsüchtig und bissig. Voll Ingrimm verkündete er, er werde aus der Kirche austreten, weil »Gott so unfair« zu ihm sei.

Derartige Reden sind ebenso verhängnisvoll wie unsinnig. Ich erklärte dem Mann, daß er bei einer solchen Geistes- und Gefühlshaltung nie gesund werden könne, denn seine Krankheit sei eine Folge seiner zerstörerischen Gefühle, und er verschlimmere sein Elend nur, wenn er über Gott und seine Krankheit schimpfe. Ich empfahl ihm ein aufbauendes Verfahren, mit dem er seine Haltung ändern könne.

Dr. Joseph Murphys Vermächtnis, Kapitel 3 67

Als erstes, so riet ich ihm, solle er dankbar sein für die Pflege und Fürsorge durch seinen Arzt und die Krankenschwester, die regelmäßig zu ihm kamen. Außerdem solle er die Anweisungen der beiden befolgen und sie für die Wohltaten, die sie ihm erwiesen, segnen. Ferner solle er sich selbst verzeihen, daß er sich destruktiven Gedanken und Gefühlen überlassen hatte. Und schließlich solle er möglichst oft mit folgenden Worten für seine völlige Genesung danken: »Vater, ich danke dir für die wunderbare Heilung, die jetzt stattfindet. Ich weiß, daß Gott in meiner Mitte die Macht hat zu heilen.«

Der Mann befolgte meine Ratschläge. Seine neue Geistes- und Gefühlshaltung änderte alles. Ihm wurde klar, daß an seiner Krankheit nur er selbst schuld gewesen war, niemand sonst. Nach wenigen Wochen war er gesund und vital wie nie zuvor und voll Lebensfreude. »Das Gebet hat meinen Geist und mein Gemüt geheilt«, sagte er mir voll Freude. So konnte denn auch sein Körper genesen.

Noch vor seiner Genesung hatte mich dieser Mann ziemlich empört auf eine Bibelstelle hingewiesen, die er, wie er sagte, zutiefst ablehne. Es handelt sich um ein Wort, das im Evangelium des Matthäus (5, 5) zu finden ist: *Selig sind die Sanftmütigen, denn sie werden das Erdreich besitzen.*

Das mutet Ihnen nicht zu, daß Sie, wie mir der Mann gesagt hatte, das Gefühl haben sollen, »ein Wurm im Staub« zu sein. Wenn Sie sich wie ein Wurm vorkommen, werden viele »Nichtsanftmütige« auf Sie treten. »Das Erdreich besitzen« besagt einfach, daß Sie die Herrschaft über Ihre äußeren Lebensumstände haben. Und die »Sanftmütigen« sind einfach die Aufgeschlossenen, die im Glauben an Gott und alles Gute leben. Solcherart »Sanftmut« ist der Schlüssel zu Erfolg und Glück.

Machen Sie sich frei von Erbitterung und Feindseligkeit; sie widersprechen der grenzenlosen Liebe Gottes. Entspannen Sie sich, wenn Sie beten. Seien Sie gelöst, verbannen Sie Groll, Eifersucht, Neid und Haß aus Ihrem Gemüt und wünschen Sie Ihren Bekannten und sämtlichen Menschen auf Erden alle Wohltaten des Lebens. Was Sie anderen wünschen, werden Sie an sich selbst erfahren.

Gott ist der Gebende und die Gabe

Ein junger Fußballer, der sich bei einem Spiel eine schwere Verletzung zugezogen hatte und nur noch mühsam gehen konnte, sagte sich auf meinen Rat hin immer wieder voll Inbrunst vor: »Gott geht in mir. Es ist Gott, der jetzt in mir geht. Und Gott ist vollkommen.«

Er war zutiefst überzeugt, daß der Vorstellungsinhalt seines Gebets früher oder später in sein Unterbewußtsein sinken und sich dann folgerichtig verwirklichen würde. Er hatte mein Buch *Die Macht Ihres Unterbewußtseins* (Ariston Verlag) gelesen; so brauchte ich ihn bloß mit dieser suggestiven Gebetsformel und einigen Worten der Ermutigung aufzubauen.

Der junge Mann wiederholte, sagte er mir später, das Gebet »wohl hundertmal täglich«. Heute kann er wieder normal gehen. Ihm wurde die unendliche Heilgegenwart Gottes zuteil, die dem Inhalt seines Denkens und Glaubens entsprach.

Gott sucht sich immer durch den Menschen auszudrükken. Gott ist der Gebende und die Gabe, und uns werden alle guten Dinge dargeboten. Lernen Sie, ein guter Empfänger zu sein. Es ist natürlich und normal, gottgewollt, daß Sie gesund, heiter, erfolgreich und glücklich sind.

Sie leben in einer geistigen und einer materiellen Welt. Sie müssen beide Welten in ein Gleichgewicht bringen.

Ihr Leben kann aber nur ausgewogen sein, wenn Sie in Frieden, Harmonie, Freude und Liebe leben. Das ist auch die Voraussetzung für die Erhaltung Ihrer Gesundheit, oder, wenn Sie krank sind, für Ihre Genesung.

Die »Teufel aus eigenem Hause«

Ich erhalte ständig viele Briefe, aus allen Teilen der Welt. Ich staune, wie viele Menschen glauben, von Teufeln besessen zu sein, die allerlei Böses inszenieren, die sie verfluchen, mit Obszönitäten oder Gotteslästerungen quälen oder ihnen sogar befehlen, Selbstmord zu begehen, und dergleichen mehr. Verzweifelt bitten mich Menschen in dieser Lage immer wieder, den oder die Teufel auszutreiben. In allen diesen Fällen ergeben meine Nachforschungen, daß die betreffenden Menschen von Eifersucht, Neid, Feindseligkeit, Haß und Rachsucht geleitet sind. Das sind die »Teufel«, von denen sie besessen werden; die Feinde stammen aus »eigenem Hause«, wurden von ihnen selbst erschaffen und haben sich bei ihnen eingenistet. Die Stimmen, die sie hören, kommen aus ihrem Unterbewußtsein, das zu ihnen nur auf der Grundlage dessen »sprechen« kann, was sie ihm eingeprägt haben.

Solchen Menschen rate ich, sich sofort all die Fehler und »Sünden«, die sie selbst sich vorwerfen, zu verzeihen und tagsüber vier- bis fünfmal sowie vor dem Schlafengehen den 91sten Psalm dreimal laut zu lesen. Nach jedem dreimaligen Lesen des Psalms, so empfehle ich ihnen, sollen sie stillsitzen und zehn bis fünfzehn Minuten lang ruhig bekräftigen: »Gottes Liebe und Gottes Friede erfüllen meine Seele.«

Liebe löst alles auf, was ihr nicht gleicht. Wenn Gottes Liebe die Seele erfüllt, verschwindet alles Destruktive. Gottes Liebe ist ein reinigendes Feuer, in dem alles Negative verbrennt. Geist und Gemüt werden von wunderbarer Ruhe und unendlichem Frieden erfaßt.

Ja, wahrlich: Eine neue Sprache werden Sie, wenn Sie in ähnlicher Lage sind, sprechen, eine Sprache des Glaubens und des Vertrauens, der Liebe und freundlichen Wohlwollens gegenüber Ihren Mitmenschen. Sie drücken sich dann in der Sprache eines ruhigen Gemüts aus und reden nicht länger verstörtes Zeug.

Ich habe Menschen gesehen, die sich lebende Schlangen um den Hals legten. Sie haben gelernt, in allen Geschöpfen die Gegenwart Gottes zu sehen, und verwandeln die Schlange zurück in das, was sie, geistig gesehen, ist. Der Umgang mit Schlangen ist aber sehr gefährlich und tödlich für Menschen, die ihnen nicht gewachsen sind. Man kann vergleichsweise sagen: In ihrem blinden Glauben nehmen sie die Bibel wörtlich, was zur Folge hat, daß sie gebissen werden und sterben. *Ihr sollt den Herrn, euren Gott, nicht versuchen . . .* (5. Mose 6, 16).

Es gibt eine innere Schlange des Neides, der Eifersucht und schwärenden Schuldgefühls. Diese »Schlange« zerfrißt die Seele. Eifersucht ist, wie Shakespeare sagte, ein »grünäugiges Ungeheuer«, und wenn es Sie befällt, wird Ihre Seele wirklich vergiftet, denn die Eifersucht gehört – zusammen mit dem ihr ähnlichen Neid und Haß – zu den zerstörerischsten aller Gefühle.

Um solche Gifte zu neutralisieren, müssen Sie Ihren Geist und Ihr Gemüt mit der Gewißheit göttlichen Schutzes füllen. Sagen Sie sich: »Göttliche Liebe führt mich. Gott liebt mich und sorgt für mich. Das Licht Gottes wacht über mich. Ich bin erleuchtet. Ich bin in den Strahlkreis des unendlichen Lichtes eingehüllt.«

DAS GROSSE SCHUTZGEBET

F. L. Rawson, ein vielbeachteter Ingenieur und einer der größten englischen Wissenschaftler sowie Autor des in London erschienenen Werkes *Life Understood,* lieferte den Bericht über ein britisches Regiment, das unter dem Befehl von Oberst Whittlesey im Zweiten Weltkrieg mehr als fünf Jahre kämpfte, ohne daß auch nur ein einziger Mann gefallen war. Das ist erstaunlich. Noch erstaunlicher aber ist die folgende Tatsache: Das ganze Regiment sagte regelmäßig den 91sten Psalm auf und meditierte über die Wahrheiten dieses Schutzgebetes. Die Männer konnten das Gebet auswendig und trugen die Worte des großen »Schutzpsalms« im Herzen:

Wer unter dem Schirm des Höchsten sitzt und unter dem Schatten des Allmächtigen bleibt, der spricht zu dem Herrn:

Meine Zuversicht und meine Burg, mein Gott, auf den ich hoffe.

Denn er errettet dich vom Strick des Jägers und von der schädlichen Pestilenz.

Er wird dich mit seinen Fittichen decken, und deine Zuversicht wird sein unter seinen Flügeln. Seine Wahrheit ist Schirm und Schild,

daß du nicht erschrecken müssest vor dem Grauen der Nacht, vor den Pfeilen, die des Tages fliegen,

vor der Pestilenz, die im Finstern schleicht, vor der Seuche, die im Mittage verderbt.

Ob tausend fallen zu deiner Seite und zehntausend zu deiner Rechten, so wird es doch dich nicht treffen.

Ja, du wirst mit deinen Augen deine Lust sehen und schauen, wie den Gottlosen vergolten wird.

Denn der Herr ist deine Zuversicht; der Höchste ist deine Zuflucht.

Es wird dir kein Übel begegnen, und keine Plage wird zu

deiner Hütte sich nahen.

Denn er hat seinen Engeln befohlen über dir, daß sie dich behüten auf allen deinen Wegen,

daß sie dich auf den Händen tragen und du deinen Fuß nicht an einen Stein stoßest.

Auf Löwen und Ottern wirst du gehen und treten auf junge Löwen und Drachen.

»Er liebt mich, darum will ich ihn erretten; er kennt meinen Namen, darum will ich ihn schützen.

Er ruft mich an, darum will ich ihn erhören; ich bin bei ihm in der Not; ich will ihn herausreißen und zu Ehren bringen.

Ich will ihn sättigen mit langem Leben und will ihm zeigen mein Heil.«

KAPITEL 4

Die Kraft Ihres Denkens und Glaubens

Haben Sie je gedacht, daß Sie einen Menschen verabscheuen? Wenn ja, dann bekannten Sie damit, natürlich ohne sich dessen bewußt zu sein, daß Sie von einem Schuldgefühl beherrscht werden. Eine solche Aussage zeigt an, daß Sie ganz mit sich selbst beschäftigt sind und jemanden suchen, der Sie aus Ihrer ichbezogenen Verzagtheit herausholt oder erlöst.

Vergegenwärtigen Sie sich bei jedem Zusammentreffen mit einem anderen Menschen die Gaben Gottes, die Sie in sich tragen, und denken Sie: Ich sehe in diesem Menschen das Göttliche. Ich weiß, daß jetzt in uns beiden eine Neuordnung unserer Beziehung stattfindet, so daß wir harmonisch, friedlich und wohlwollend miteinander verkehren werden.

Gedanken sind Kräfte, und was wir über einen anderen Menschen denken, denken wir über uns selbst.

Der Mensch ist, was er tagtäglich denkt

Die Bibel sagt: *Des Menschen Herz erdenkt sich seinen Weg* ... (Sprüche 16, 9). ... *Was der Mensch sät, das wird er ernten* (Galater 6, 7). Diese Worte bringen zum Ausdruck, daß der Mensch so ist, nur so sein kann, wie er »im innersten Herzen denkt«.

Viele Menschen gebrauchen diese Redewendung, sind sich aber der ungeheuren Bedeutung und Tragweite dieser tiefgründigen Wahrheit nicht wirklich bewußt. Mit dem »Herzen« ist Ihr Unterbewußtsein gemeint. Jeder Gedanke, den Sie haben, gefühlsmäßig umsetzen und als wahr empfinden, wird in Ihrem Leben zur Geltung kommen. Alles, dem Sie Ihre Aufmerksamkeit zuwenden und von dessen Wahrheit Sie überzeugt sind, wird Ihrem Unterbewußtsein eingeprägt und muß sich darum zwangsläufig verwirklichen.

Wenn Sie beispielsweise überzeugt und mit Nachdruck behaupten, daß Sie immer arm sein werden, können Sie im Leben nicht vorankommen. Wenn Sie glauben, ständig benachteiligt zu werden und dagegen machtlos zu sein, wird genau dies der Fall sein; denn was Sie glauben, das verfügen Sie. Umgekehrt gilt natürlich das gleiche: was Sie verfügen, verwirklicht sich.

Bekräftigen Sie daher immer wieder voll Überzeugung die Gewißheit, daß es Ihr gottgegebenes Recht ist, gesund und glücklich, wohlhabend und erfolgreich zu sein, daß Gott Sie glücklich, fröhlich und frei haben will. Sagen Sie sich voll Zuversicht: »Mein ganzes Tun ist göttliches, rechtes Tun. Göttliches Recht und göttliche Ordnung beherrschen mein Leben. Göttliche Harmonie ist mir beschieden. Die Reichtümer Gottes sind mein, und ich bringe jeden Tag mehr und mehr den mir innewohnenden göttlichen Geist zum Ausdruck.«

Bekräftigen Sie diese Wahrheiten voll Hingabe und Verständnis, denn die Inhalte Ihres Denkens und Glaubens, ganz besonders jeden gefühlsbesetzten Glaubens, wirken schöpferisch: Ihr Unterbewußtsein wird alles daran setzen, diese Inhalte zu verwirklichen; sie werden in Form Ihres persönlichen Zustandes, Ihrer persönlichen Erfahrungen und Lebensumstände in Ihrem Dasein zur Geltung kommen.

Geist ist Energie, Gedanken sind Kräfte

Vor einigen Jahren fand der engagierte Naturwissenschaftler Dr. Charles Littlefield in eigenartiger Weise die Richtigkeit der Erkenntnis bestätigt, daß Gedanken Energien sind. Während er unter dem Mikroskop eine Salzlösung betrachtete, erlebte er zu seiner Überraschung, daß der Gedanke, der ihn gerade beschäftigte, Gestalt annahm. An diesem Tag ging ihm eine zerbrechliche alte Dame nicht aus dem Sinn, er dachte bei seiner Arbeit über sie nach. Plötzlich sah er zu seiner Verblüffung, daß sich die Salzkristalle unter dem Mikroskop zu einem den Konturen nach klar erkennbaren Miniaturbild der Frau zusammengefügt hatten.

Tag für Tag konzentrierte er sich nun auf bestimmte Vorstellungsbilder, und er erlebte voll Staunen immer wieder, daß die von ihm imaginierten Bilder in entsprechenden Bildstrukturen sichtbar wurden, zu denen sich die Kristalle unter dem Mikroskop formierten. Parapsychologen würden seine Erfahrung als ein Phänomen der Psychokinese bezeichnen, also der Beeinflussung der Materie oder materieller Abläufe kraft Geistes. So ist es in der Tat. Denn Geist ist Energie.

Seit Jahren vollzieht sich auf dem Gebiet der Chemie und Physik eine revolutionäre Entwicklung. So wurde beispielsweise das Postulat von den unveränderlichen Elementen widerlegt; dieses »Dogma« verschwand mit der Entdeckung der Radioaktivität. Die Wissenschaftler erklären heute, daß wir in einer dynamischen, sich entwickelnden, veränderlichen Welt leben.

Der 1953 verstorbene Physiker und Nobelpreisträger Robert Andrew Millikan, viele Jahre lang Leiter des California Institute of Technology in Pasadena, machte die Feststellung, daß die beiden Grundprinzipien, Erhaltung der Masse und Erhaltung der Energie, nicht mehr als getrennte und trennbare Wahrheiten betrachtet werden. Albert Einstein und andere Naturwissenschaftler wiesen auf die wechselseitige Umwandelbarkeit der Energie in Masse und der Masse in Energie hin. Energie und Masse sind tatsächlich ein und dasselbe, sie machen sich lediglich auf verschiedenen Schwingungsebenen geltend. Die Auffassung von der Erhaltung der Masse und der Erhaltung der Energie wird nicht länger als unantastbar betrachtet.

Auch der Körper des Menschen ist eine Erscheinungsform von Energie. Er besteht aus Wellen verschiedener Schwingungswerte. Moderne Naturwissenschaft lehrt, daß – vereinfacht gesagt – der einzige Unterschied zwischen den Stoffen in der Zahl und dem Bewegungswert der um einen Kern kreisenden Elektronen liegt. Das rehabilitiert übrigens die jahrhundertelang belächelte Annahme des Pythagoras, daß die Welt durch Zahl und Bewegung beherrscht sei.

Wie immer man es formulieren will, sicher ist: Geist beherrscht die Materie, Unsichtbares die Erscheinungswelt.

Sie können Liebe nicht mit einem Lineal messen oder auf einer Waage wiegen. Ebensowenig können Sie Frieden, Glück, Weisheit messen oder wiegen. Wir haben tagtäglich mit dem Ungreifbaren, Unwägbaren, Unsichtbaren zu tun. Die Kraft, die Ihre Finger beim Schreiben bewegt, sehen Sie nicht, und Sie sehen auch die Kraft nicht, die Sie befähigt, einen Apfel aufzuheben oder einen Stuhl zu verrücken. Ihr Körper bewegt sich so, wie er bewegt wird. Ihr Körper handelt entsprechend dem, wie Sie auf ihn einwirken.

Ihre Gedanken und Überzeugungen, Ihre Vorstellungsbilder und Gefühle können Ihren Körper zu Gutem oder Bösem benutzen. Sie können auf dem Instrument Ihres Körpers eine göttliche Melodie oder einen Gesang des Hasses und abscheulicher Aggression spielen. Stimmen Sie sich deshalb geistig auf das Gute und Schöne ein, dann werden in Ihrem Körper die Kräfte des Guten wirksam, und Ihnen werden die Wohltaten des Betens zuteil werden.

Weltschöpfung und die Schöpfung Ihrer Welt

Noch immer glauben und lehren viele Menschen, die Welt sei in sechs Tagen erschaffen worden und Gott habe dann ermüdet am siebten Tag geruht. Man sollte Symbolisches als solches deuten und nicht als Geschichte ausgeben. Man kann psychologisch grandiose Symbolsprache nicht als wissenschaftliche Erkenntnis hinstellen, von der jeder Mittelschüler weiß, daß sie nicht stimmt. Geologen, Paläontologen, Archäologen, Anthropologen, Physiker, Chemiker, Astronomen und andere Wissenschaftler haben längst erkannt, daß das Universum nach einem bestimmten kosmischen Plan Gestalt annahm und Hunderte von Millionen Jahren der Evolution brauchte, bis es sich zu dem entwickelte, was es heute ist. Doch wichtig ist zu erkennen, was das wissenschaftliche Postulat eines kosmischen Plans bedeutet. Die Veränderungen, die unsere Welt durchlief, erfolgten in göttlicher Fügung und entsprachen dem göttlichen Plan des unendlichen Geistes, dieser einzigen Schöpferkraft, die alles hervorbringt, was ist und lebt.

Der Geisteswissenschaftler und Schriftsteller Thomas Troward vollzog den Schöpfungsvorgang intuitiv nach und beschreibt ihn so: »Die physikalische Geschichte unseres Planeten zeigt uns zuerst einen weißglühenden Nebel, der sich über weite Unendlichkeiten des Raums verteilte; später verdichtet er sich zu einer zentralen Sonne und einer sie umgebenden Familie glühender Planeten, die sich jedoch aus dem schöpferischen Urmaterial noch kaum konsolidiert haben; dann folgen unsagbar viele Jahrtausende einer langsamen geologischen Formierung; es entsteht die Erde, bevölkert von der niedrigsten Lebensform, sei sie pflanzlich oder tierisch; aus deren rohen Anfängen bringt eine langsame, aber stetige glorreiche Vorwärtsbewegung die Erscheinungswelt Schritt für Schritt in Zustände, wie wir sie heute kennen.«

Die symbolisch zu verstehende Schöpfungsgeschichte der Bibel hat viele faszinierende Aspekte. Betrachten Sie die sechs Schöpfungstage als Symbol für die sechs großen Phasen in der evolutionären Entwicklung des Kosmos. Oder sehen Sie zum Beispiel in den sechs Tagen, von denen im *Ersten Buch Mose* die Rede ist, in ihrem übertragenen, verinnerlichten Sinn die notwendigen sechs Schritte beim Beten; es folgt der siebente Schritt, der siebte Tag oder der Ruhetag, an dem der Betende die Überzeugung oder das innere Wissen erlangt, daß sein Gebet erhört wird.

Sie kommen zweifellos um eine gewisse Zeit schöpferischer Vorbereitung und Arbeit nicht herum, um eine Idee oder Vorstellung eindringlich Ihrem Unterbewußtsein einzuprägen. Das geschieht nicht über Nacht. Sobald es Ihnen aber einmal gelungen ist, das Unterbewußtsein wirklich zu prägen – indem Sie sich immer wieder den Inhalt Ihres Wunsches als bereits vorhandene Wirklichkeit vorstellen und das Glück der Erfüllung empfinden –, ist das »Werk der sechs Tage« vollbracht. Eine Periode innerer Ruhe und heiterer Gewißheit, der »siebte Tag«, schließt sich an, und die Gestaltwerdung der von Ihnen erwünschten Wirklichkeit bahnt sich an. Zweifeln Sie nicht: Sie sind der Schöpfer Ihrer Welt!

Reichtum hat viele Facetten, doch die wunderbarste und auch wertvollste Form, in der er auftritt, ist eine schöpferische Idee. Ideen bringen Menschen und Völker voran, sie beflügeln Männer und Frauen zu großartigen

Dr. Joseph Murphys Vermächtnis, Kapitel 4   79

Leistungen. Eine Idee ist ein Gedanke, eine Vorstellung, ein Bild vor dem inneren Auge, eine Absicht, ein übermächtiger Wunsch. Die Magna Charta war zum Beispiel eine solche großartige Idee, die amerikanische Unabhängigkeitserklärung oder die Deklaration der Menschenrechte.

Alle großen Erfindungen nahmen ihren Anfang als Idee im Geiste eines Menschen. Wenn Sie sich mit offenen Augen und wachem Verstand in einer Stadt oder auch nur in Ihrer näheren Umgebung umschauen, wird Ihnen bewußt werden, daß jedes Haus, jeder Kinder- oder Gemüsegarten, die größten Industrieunternehmen, Institutionen und Organisationen als einfache Idee begonnen haben müssen. Tatsächlich stammt alles, was wir in unserer Welt sehen, aus dem Geist des Menschen, dem der Geist Gottes innewohnt.

Das Universum, die Galaxien im Weltraum, die Billionen Sterne, Sonnen und Welten gingen aus dem Geist Gottes hervor. In den altindischen *Weden* heißt es: »Gott denkt, und Welten erscheinen.« Der Mensch denkt, und seine Welt erscheint. Weil die Welt aus den Gedanken des Menschen ersteht, sind Ideen vonnöten, die heilsam und inspirierend für die Menschheit wirken.

Welcher Art sind die Suggestionen?

Wir alle neigen dazu, uns von den Nachrichten beeinflussen zu lassen, mit denen wir täglich überschwemmt werden. Zum überwiegenden Teil sind es schlechte Nachrichten, die dazu angetan sind, uns zu deprimieren, in Aufregung zu versetzen oder uns Angst einzujagen. Wir müssen lernen, alle destruktiven Suggestionen von uns zu weisen und durch eigenes konstruktives Denken zu ersetzen, durch Gedanken, die uns aufbauen und geistig erheben.

Die fast immer willkürlichen oder klar falschen Vorhersagen von Unheil, Katastrophen und apokalyptischen Zeiten können uns verhängnisvoll beeinflussen und in große Schwierigkeiten bringen. Rüsten Sie sich gegen solche Vorhersagen mit den Wahrheiten Gottes, der der Inbegriff der Liebe und alles Guten ist.

Angst ist heute weit verbreitet. Wenn Sie zulassen, daß die der Angst erwachsenden negativen Suggestionen – das können Fremdsuggestionen Dritter oder Selbstsuggestionen sein – sich Ihrer bemächtigen, kann es sein, daß Sie, wie viele Menschen unserer Zeit, einer Angstneurose anheimfallen und als Folge derselben nicht nur Ihre seelische, sondern auch die körperliche Gesundheit gefährden.

Wir alle sind tagtäglich Suggestionen ausgesetzt, guten wie schlechten. Und wir sind dem Durchschnittsdenken ausgesetzt, diesem irrationalen »Geist der Masse«, der uns zeitlebens umspült. Wie ich schon erörtert habe, wirkt der Einfluß des Massengeistes immer beschränkend. Wer ihm verfällt, verschreibt sich der Destruktion, die in Angst, Eifersucht, Neid, Habgier und Haß zum Ausdruck kommt.

Dem Einfluß negativer Suggestionen können Sie sich durch Beten weitgehend entziehen, weil auf diese Weise in Ihnen kein Raum für morbide Gedanken und niederdrückende Gefühle bleibt. Lassen Sie sich in jeder Hinsicht nicht von außen beeinflussen. Horchen Sie auf die Ihnen innewohnende Weisheit des unendlichen Geistes. Diese sagt Ihnen, daß Sie dazu geboren sind, sich auf höchster Ebene zu verwirklichen und ein gesundes, erfolgreiches und erfülltes Leben zu führen.

Vertrauen Sie der Gottesgegenwart in Ihrem Inneren, die Sie immer drängt, sich zu entfalten und zu wachsen, vorwärtszugehen und sich emporzuschwingen. So spricht die göttliche Stimme in Ihnen. Folgen Sie dieser Stimme und hören Sie auf, ein Sklave fehlgeleiteter Ansichten und falscher Überzeugungen zu sein, nur weil diese Ihnen von außen her suggeriert werden. Denken Sie frei und unabhängig.

»Bei Gott sind alle Dinge möglich«

Im Evangelium des Matthäus (9, 1–5) steht: *Da trat er in das Schiff und fuhr wieder herüber und kam in seine Stadt. Und siehe, da brachten sie zu ihm einen Gichtbrüchigen, der lag auf einem Bette. Da nun Jesus ihren Glauben sah, sprach er zu dem Gichtbrüchigen: Sei getrost, mein Sohn; deine Sünden sind dir vergeben. Und siehe, etliche unter den Schriftgelehrten sprachen bei sich selbst: Dieser lästert Gott. Da aber Jesus ihre Gedanken sah, sprach er: Warum denkt ihr so Arges in euren Herzen? Welches ist leichter zu sagen: Dir sind deine Sünden vergeben, oder zu sagen: Stehe auf und wandle?*

Beim Lesen der Bibel müssen Sie immer daran denken, daß sie eine Darstellung des seelischen und geistigen Dramas ist, das im Bewußtsein von uns Menschen stattfindet. Die »handelnden Personen« verkörpern Geistes- und Gefühlszustände eines jeden von uns. Der erste Vers dieses Matthäuswortes bringt zum Ausdruck, daß ein Schiff den Hafen verlassen muß, um seinen Bestimmungsort zu erreichen. Verstehen Sie darunter, daß jeder Mensch wie ein Schiff von einem Problem zu dessen Lösung reist.

Jeder Mensch hat ein Ziel. Um es zu erreichen, muß er sich auf die Reise begeben. Er muß sich von Einschränkungen freimachen und sich voll Glauben und Zuversicht auf dieses gewählte Lebensziel zubewegen. Wenn Sie von Los Angeles nach New York reisen wollen, müssen Sie Los Angeles verlassen. Und genauso müssen Sie, wenn Sie zu einer Heilung von Geist, Gemüt und Körper gelangen wollen, Angst, Ärger und Haß hinter sich lassen, denn sonst reisen Sie nicht wirklich ab. Nur wenn Sie sich von allem, was Sie einschränkt und beeinträchtigt, lösen, werden Sie an Ihr Ziel gelangen.

Jesus hat, wie uns die Evangelien nahelegen, als Personifizierung der Wahrheit und der Gottesliebe oft genug demonstriert, daß *bei Gott alle Dinge möglich sind* (Matthäus 19, 26). Den Gichtbrüchigen heilte er von seinen Schuldgefühlen, die ihn krank machten: *Sei getrost mein Sohn; deine Sünden sind dir vergeben.* Jesus bekundete so, daß dieses Vergeben die Genesung des Kranken herbeizuführen genügte. Erst angesichts der zweifelnden Schriftgelehrten sprach er zu dem Gichtbrüchigen: *Stehe auf, hebe dein Bett auf und gehe heim! Und er stand auf und ging heim* (Matthäus 9, 6–7).

Was der Gichtbrüchige aus eigener Kraft nicht zu glauben vermochte, nämlich daß er wieder gehen würde, hat Jesus ihm gegeben – zum Beweis, daß die Gotteskraft in ihm ist wie in jedem Menschen. Wie viele Menschen aber reden sich ein, daß sie keines Glückes würdig seien, daß Krankheit oder Armut ihr Schicksal sei und daß ihnen nichts Schönes beschieden sein könne! Solches Denken ist verhängnisvoll, denn diesen Menschen geschieht genau das, was sie glauben. *Euch geschehe nach eurem Glauben* (Matthäus 9, 29).

Sie bedurfte der Krücken nicht mehr

Bei meinem letzten Besuch in Las Vegas erzählte mir ein alter Freund, wie eine Verwandte von ihm geheilt wurde. Die Frau, die seit Jahren an Krücken ging, war mit ihrem Töchterchen für ein paar Tage nach Las Vegas gekommen, um wegen ihres eigenen Zustandes und einer Krankheit ihres Kindes einen Facharzt aufzusuchen. Sie wohnte im MGM-Hotel. In der Nacht kam es zu der verheerenden Brandkatastrophe, von der bereits die Rede war.

Die Frau erwachte vom Rauchgeruch. In ihrer Todesangst hastete sie zu dem schlafenden Kind, lud sich das Mädchen auf den Rücken und lief zum nächstgelegenen Notausgang. Sie entkam dem Feuer. Seither geht sie ohne Krücken. Sie ist vollkommen geheilt. Der Wunsch, ihr eigenes und das Leben ihres Kindes zu retten, hatte sie ganz ausgefüllt und die ihr innewohnende Gotteskraft wachgerufen.

Die göttliche Heilkraft hatte der Frau natürlich schon immer innegewohnt, doch hatte sie sich, wie das so viele Kranke tun, »mit ihrem Schicksal abgefunden«, das heißt sich dem Glauben ausgeliefert, für den Rest ihrer Tage krank zu sein: »Ich kann nur noch an Krücken gehen!«

Aus den Annalen der Medizin geht seit langem hervor, daß Menschen in Notsituationen, im Schockzustand oder in großer Angst oft Außergewöhnliches vollbringen oder »wunderbare« Heilungen an sich erfahren. Es gab Menschen, die durch Feuer gingen, ohne eine einzige Brandwunde davonzutragen.

Die Erklärung ist einfach: In äußerster Lebensgefahr wird der Wunsch zu überleben übermächtig. Menschen in Not raffen sich zu einem Glauben auf, den sie in ihrem Alltagsdasein nicht aufbringen, und dieser Glaube ist es, der solche »Wunder« vollbringt.

Millionen Menschen werden in dem Fehlglauben groß und alt, es sei Gottes Wille, daß sie leiden. Begreiflicherweise ist das eine gesamthaft schädliche Suggestion, die sich im Leben eines Menschen in jeder Hinsicht nur verhängnisvoll auswirken kann. Soweit es sich bei Suggestionen schädlichen Inhalts um Fremdsuggestionen handelt – die Ihnen also seitens Dritter aufgedrängt werden –, können Sie sich durch aufbauende, lebensbejahende Überzeugungen, die Ihrem eigenen positiven Denken und Glauben erwachsen, jederzeit wirksam abschirmen. Akzeptieren Sie aber schädliche Fremdsuggestionen, dann bringen Sie die unfehlbare Macht Ihrer Selbstsuggestionen zur Wirkung: Der Mensch ist, was er tagtäglich denkt.

Sorgen Sie deshalb dafür, daß Sie sich immer der Gegenwart und Kraft Gottes in Ihrem Inneren bewußt sind, einer Gegenwart und Kraft, die Sie gegen destruktive Fremd- und Selbstsuggestionen feiern.

Die Geschichte vom »heiligen Mann«

Auf dem Flug nach Delhi – unterwegs zur Yoga Forest University, wo ich Vorträge halten sollte – lernte ich einen Mann kennen, der mir eine Geschichte erzählte, die ich, obwohl es nun Monate her sind, nicht vergessen habe. Die Legende veranschaulicht, was ein Mensch bewirken kann, wenn er sein ganzes Leben auf das Gute ausrichtet und sich der Gnade Gottes anheimgibt:

Vor langer, langer Zeit lebte ein heiliger Mann, der von solcher Herzensgüte war, daß die Engel vom Himmel herniederkamen, um zu ergründen, wie jemand derart gut und fromm sein könne. Der heilige Mann ging einfach seinen Aufgaben im täglichen Leben nach und strahlte dabei gegenüber allen Lebewesen Liebe und Wohlwollen aus, wie die Sterne Licht und die Blumen Duft ausstrahlen, ohne sich dessen überhaupt bewußt zu sein. Zwei Worte beherrschten seinen Tag: Er gab, und er vergab. Doch diese Worte kamen nie über seine Lippen; sie drückten sich in seinem gütigen Lächeln, seiner Liebe, Freundlichkeit und Hilfsbereitschaft aus.

Die Engel sagten zu Gott: »O Herr, gewähre ihm die Gabe, Wunder zu wirken!«

Dr. Joseph Murphys Vermächtnis, Kapitel 4

Gott antwortete: »Es sei. Fragt ihn doch, was er sich wünscht.«

»Was also wünschst du dir?« riefen die Engel.

»Was sollte ich mir wünschen?« entgegnete der heilige Mann lächelnd: »Daß Gott mir seine Gnade schenkt. Besäße ich damit nicht alles?«

Die Engel drängten: »Du mußt dir ein Wunder wünschen, sonst wird dir eines aufgezwungen.«

»Dann wünsche ich mir«, sagte der heilige Mann, »daß ich viel Gutes tun kann, ohne es je zu wissen.«

Die Engel waren verblüfft. Sie berieten untereinander. Doch sie fanden eine gute Lösung: Jedesmal, wenn der Schatten des heiligen Mannes hinter oder neben ihn fiel, wo er ihn ja nicht sehen konnte, sollte dieser Schatten die Kraft haben, Krankheit zu heilen, Schmerz zu lindern und Trauer wegzuwischen.

Und so geschah es. Wo immer der heilige Mann ging, erblühten Blumen am Wegrand, sprudelten in vertrockneten Bachbetten klare Wasser, grünten die Wiesen. Sein Schatten verlieh blassen Kindern frische Farben und schenkte unglücklichen Menschen Fröhlichkeit. Der heilige Mann ging einfach seinen Aufgaben im täglichen Leben nach und strahlte dabei gegenüber allen Lebewesen Liebe und Wohlwollen aus, wie die Sterne Licht und die Blumen Duft ausstrahlen, ohne sich dessen bewußt zu sein.

Den Menschen fiel seine große Bescheidenheit auf. Doch nie sprachen sie über die Wunder, die er wirkte. Im Laufe der Zeit vergaßen sie seinen Namen, und sie nannten ihn nur noch den »heiligen Mann«.

Geist von seinem Geiste

In der Bibel heißt es: *So vertrage dich nun mit ihm und*

habe Frieden; daraus wird dir viel Gutes kommen (Hiob 22, 21).

Mit Gott, dem unendlichen Geist, »vertragen« Sie sich, wenn Sie sich seiner Allgegenwart und seiner ewig gültigen Wahrheiten bewußt sind. Gott wohnt Ihnen inne, wandelt und spricht in Ihnen. Die Gottesgegenwart in Ihnen sorgt für Sie, wo immer Sie sind, was immer Sie tun, auch wenn Sie schlafen; sie ist Ihr eigentliches Wesen und Leben.

Wenn Sie Gott suchen und finden wollen, müssen Sie nicht zum Himmel emporschauen; die Verbindung zum Göttlichen ist in Ihnen selbst hergestellt, durch Ihren Geist, Geist von seinem Geiste. Der lebendige Geist in Ihrem Inneren ist das Göttliche, das Sie erschaffen hat und im Leben trägt. Sie müssen es nur in sich wachrufen.

Rufen Sie Gottes grenzenlose Liebe und unendliche Weisheit an, und Ihnen werden Harmonie und Frieden, Gesundheit und Freude zuteil werden. *Er ruft mich an, darum will ich ihn erhören; ich bin bei ihm in der Not; ich will ihn herausreißen und zu Ehren bringen* (Psalm 91, 15).

GEBET FÜR EINEN ANGEHÖRIGEN UND SICH SELBST

Wenn Sie im Zusammenhang mit einem Ihrer Angehörigen von Sorge, Beunruhigung oder Angst gequält werden, weil er krank oder sonst in Schwierigkeiten ist, dann sollten Sie sich um seiner und Ihrer selbst willen möglichst rasch davon befreien. Dies wird Ihnen gelingen, wenn Sie sich ein Gebet zu eigen machen, das einer um ihren Mann bangenden Frau half. Sie betete mehrmals täglich voll innerer Anteilnahme und Überzeugung:

»Ich hebe meine Augen auf zu den Bergen, von welchen mir Hilfe kommt (Psalm 121, 1). Gott schenkt mir Frieden. Gott schenkt mir Freude. Gott liebt meinen Mann und sorgt für ihn.

Ich überantworte ihn (nennen Sie ihn beim Namen) vollkommen Gott. Ich glaube und weiß, daß Gottes Liebe, Frieden und Harmonie ihn einhüllen und auf allen seinen Wegen schützen. Der Geist des allmächtigen Gottes wacht ständig über ihn und sorgt für seine Sicherheit. Gottes heilende Liebe umgibt ihn jetzt und immerdar.«

KAPITEL 5

Die Heiterkeit oder das Freisein von Angst und Haß

Fast täglich hören wir heutzutage irgend jemanden gequält sagen: »Ich mache mir schreckliche Sorgen.« Die
Menschen, die das sagen, sind sich der Folgen solcher
oder ähnlicher Äußerungen meist nicht bewußt. Doch die
Folgen bleiben nicht aus. Wenn Gedanken- und Gefühlsinhalte dieser Art, zumal noch in der durch sprachlichen
Ausdruck erhärteten Form, zur Gewohnheit werden,
kann es nicht ausbleiben, daß ein Mensch, der immer
wieder davon redet, daß er sich »Sorgen macht«, zum
chronisch Besorgten wird.

Mütter sorgen sich ständig um ihre Söhne oder Töch-
ter, Väter um ihren Posten oder ihre Aufstiegschancen,
Geschäftsleute um die Firma. Millionen Menschen sind
in Sorge um ihre Gesundheit, ihre finanzielle Sicherheit
oder auch um ihr Land, um die Menschheit.

Die Last unheilvoller Fixierung

In meinen Gesprächen mit chronisch Besorgten fand ich
heraus, daß nur selten eine wirklich schwere Last oder die
Folge einer großen Tragödie sie bedrückt, meist handelt
es sich um geringfügige, eigentlich unbedeutende Anläs-
se. Es sind ... *die kleinen Füchse, die die Weinberge verderben* ... (Hohelied Salomos 2, 15).

Die Ärzte wissen mittlerweile, daß chronische Besorgnis die Verdauung stört, Geschwüre verursacht und den ganzen Organismus schwächt. Sorgen um noch so belanglose Kleinigkeiten können die Lebenskräfte eines Menschen aufzehren.

Gewöhnlich machen wir uns Sorgen nicht wegen dem, was ist, sondern wegen dem, was sein könnte – was heute oder morgen sein könnte. Wenn Sie auf Ihr Leben zurückblicken, werden Sie erkennen, daß die meisten Befürchtungen, die Sie früher einmal beunruhigt haben, überhaupt nicht eingetroffen sind. Doch Sie haben sich selbst Ihres Seelenfriedens und Ihrer Kraft beraubt. Viele Menschen haben deswegen die Harmonie ihres Lebens zerstört und sich sogar zu einem seelischen und körperlichen Wrack gemacht – völlig sinnloserweise, wie sie dann im nachhinein feststellen mußten.

Besorgtheit, Beunruhigung, Angst, diese einander verwandten Gefühle sind stets auf die gleiche Ursache zurückzuführen, nämlich auf den Mangel an Gottvertrauen, und das heißt, da die Gotteskraft im Menschen ist, auf den Mangel an Selbstvertrauen. Wer dieses Urvertrauen hat, vermag in freudiger Erwartung des Besten zu leben und braucht keine Angst zu haben. Angst aber ist das Gegenteil dieses entscheidend wichtigen Vertrauens.

Wer sich Sorgen macht, konzentriert seine Aufmerksamkeit auf unheilvolle Vorstellungen und schneidet sich somit von aufbauenden Gedanken und ihn bestärkenden Gefühlen ab. Chronische Besorgtheit kann man als Symptom einer Art Besessenheit betrachten, denn sie bedeutet, daß ein Mensch von falschen Vorstellungen beherrscht wird. Der Zustand, in dem er sich befindet, ist gekennzeichnet durch eine Fixierung auf das Negative, und das ist die Folge ständiger destruktiver Selbstsuggestionen, die natürlich im Laufe der Zeit das Unterbewußtsein dementsprechend prägen.

Dr. Joseph Murphys Vermächtnis, Kapitel 5   91

Die Psychologen sprechen angesichts chronischen Besorgtseins eines Menschen von einer Zwangsneurose; das bedeutet nichts anderes, als daß ein durch und durch krankhafter Zustand unheilvoller Fixierung erreicht ist. Der Mensch nagt wie ein Hund an einem Knochen, an dem kein Fleisch mehr ist! Die Fixierung kann soweit gehen, daß chronisch besorgte Menschen oft sogar böse reagieren, wenn man ihnen rät, ihre Haltung zu ändern und einen konstruktiven Standpunkt einzunehmen.

Sie befürchtete ein Erdbeben

Eine ältere Frau, die in meiner Nähe wohnt, kam mit allerlei Statistiken über die auf der ganzen Erde aufgetretenen Erdbeben zu mir und legte mir auch diverse Zeitungsartikel vor, in denen von Erdbeben die Rede war, die angeblich Kalifornien in nächster Zeit drohen würden. Sie schien mir von dem Gedanken an Erdbeben regelrecht besessen.

Da sie eine gebürtige Französin war, fragte ich sie, ob sie denn Ausdruck und Sinn von Laisser-faire ganz vergessen habe. »Ja wirklich«, sagte ich, »nonchalantes Geschehenlassen ist der einzig richtige Standpunkt in Angelegenheiten, an denen Sie nichts ändern können. Aber Sie können Ihr Denken und Glauben ändern.« Und ich schenkte ihr eines meiner Bücher, *Die unendliche Quelle Ihrer Kraft* (Ariston Verlag), weil ich mich zu erinnern glaubte, in diesem Buch einen ähnlichen Fall beschrieben zu haben.

So begann die Frau, sich nun mit den Gesetzen des Denkens und Glaubens zu beschäftigen. Das fiel ihr um so leichter, als schon ihr Arzt, Dr. Frank W. Varese, ein Verfechter der Ganzheitsmedizin, ihr geraten hatte, sich in die Psalmen zu vertiefen und vor allem über den 27sten und den 91sten Psalm zu meditieren. Und ihr dämmerte bald auf, was sie sich antat, indem sie den ganzen Tag lang nach Schwierigkeiten suchte, die es nicht gab und die nie eintrafen. Sie erkannte, warum ihr Blutdruck beängstigend gestiegen war und sie an Schlaflosigkeit litt.

Der Glaube an Gott als Inbegriff alles Guten löscht Angst und Sorgen aus. Eine veränderte Haltung ändert alles. Als die Frau wieder zu mir kam, freute ich mich zu sehen, daß sie auf einem guten Weg war. Ich schrieb ihr ein Gebet auf und bat sie, sich dessen Inhalt mehrmals am Tag zu vergegenwärtigen und voll Überzeugung zu bekräftigen, denn auf diese Weise würde sie ihre Angst durch Gottvertrauen ersetzen und ihre Sorgen bald lossein. Das Gebet lautete:

»Ein Schutzmantel der Liebe Gottes hüllt mich ein. Ich bin unverwundbar, und nichts als das Gute und sehr Gute kann mich berühren. Ich hülle mich in das Gewand unendlicher Liebe und unendlichen Friedens. Gott wacht über mich, und wo ich bin, da ist Gott. Seine Allgegenwart schützt mich, so bin ich gegen jede Unbill gefeit. Sobald mir ein Gedanke der Sorge oder der Angst kommt, werde ich bekräftigen: ›Gott wacht über mich.‹ Es ist wunderbar!«

Da sich die Frau solches Beten zur Gewohnheit machte, veränderte sich bald auch ihr Zustand. Ihr Blutdruck ist wieder normal, und sie schläft gut. Sie nimmt jetzt gegenüber Ereignissen, über die sie keine Kontrolle hat, eine heitere und gelassene Haltung ein. Als ich ihr kürzlich zufällig begegnete, begrüßte sie mich lachend: »Je laisse faire! Sie auch?«

Gelassen und heiter oder seelisch bucklig

Unlängst kam ich auf einem Flughafen mit einem Mann

ins Gespräch, dessen Flug überraschend gestrichen worden war. Er hätte am Bestimmungsort einen überaus wichtigen Vertrag unterschreiben sollen, so bedeutete der Ausfall des Flugs für ihn eigentlich eine schlimme Panne. Doch er sagte zu mir: »Gott kennt wohl einen besseren Weg zu diesem Vertragsabschluß.« Er blieb gelassen; heiter und ruhig nahm er die nächste Maschine, nachdem er seinen Partnern die Lage telefonisch erklärt hatte.

Später berichtete er mir, daß sich für ihn alles bestens gefügt habe. Kurz vor seinem verspäteten Eintreffen sei ein neuer, für ihn vorteilhafter Umstand zutage getreten, der ihn für die Flugpanne reichlich entschädigt habe.

Die Panne war ohne Bedeutung; wichtig war nur, was der Mann über diese dachte. Er hatte die richtige Einstellung; sein positives Denken führte dazu, daß für ihn alles nach Wunsch ging.

Ich hatte, während ich in der Schlange wartete, beobachten können, wie der neben ihm stehende Mann auf die Annullierung des Flugs höchst ungehalten reagierte und den Angestellten der Fluggesellschaft beschimpfte. Dieser Fluggast kochte innerlich. Dabei hätte er nur die Situation zu akzeptieren und zu bekräftigen brauchen: »Ich bin heiter und ruhig, und wenn solche Dinge geschehen, sage ich mit Paulus: *Aber ich achte der keines . . .*« (Apostelgeschichte 20, 24).

Von den Vertretern der psychosomatischen Medizin wird immer wieder darauf hingewiesen, daß Ärger, Zorn, Groll und Haß eine vermehrte Ausschüttung von Hormonen des Adrenalintyps auslösen und daß diese Hormone zu hohem Blutdruck sowie zu einem beschleunigten Puls führen – ganz abgesehen von anderen den Organismus schädigenden Auswirkungen.

Sie können immer selbst bestimmen, wie Sie auf eine gewisse Situation reagieren. Denken Sie daran: Sie haben die Kontrolle über Ihre Gedanken. Sie sind Herr über

Ihre Gedanken und somit auch über Ihre Gefühle. Sie lassen sich von destruktiven Anwandlungen nicht forttreiben. Bekräftigen Sie möglichst oft: »Mich erschüttert nichts; ich bin gelassen, ruhig, entspannt und gelöst. Gottes Frieden ist in mir.«

Es gibt eine große Zahl Menschen, die unser Mitleid verdienen: es sind seelisch Bucklige. Diese Menschen fühlen sich minderwertig, sind unsicher, vom Leben enttäuscht und verbittert. Gewöhnlich machen sie sich selbst herunter und leiden unter den unvermeidlichen Folgen ihrer Selbstverurteilung. In der Regel neigen sie dazu, ihre Mängel auf andere Menschen zu projizieren.

Ihre Ansichten und Überzeugungen spiegeln ihre negative Einstellung wider. Die Reden solcher enttäuschter Menschen können Sie innerlich abwehren, denn Sie verstehen deren Problem, das eine Folge ihres fehlgeleiteten Denkens und Glaubens ist. Wünschen Sie den seelisch Buckligen alles Gute und gehen Sie unbeirrt Ihren Weg. Halten Sie sich an das nachstehende alte Gebet:

»Gott, schenke mir die Heiterkeit, all das zu akzeptieren, was ich nicht ändern kann, den Mut, all das zu ändern, was ich ändern kann, und die Weisheit, zwischen beidem zu unterscheiden.«

Die »vom Pech verfolgte« Journalistin wurde Schriftstellerin

Eines Tages suchte mich eine fünfzigjährige Frau auf, die einen unglücklichen Eindruck machte. Sie erzählte, sie sei dreimal geschieden, habe in ihrem Leben sehr viele Artikel geschrieben und werde von Frauenclubs gern als Rednerin eingeladen. »Doch alle meine Buchmanuskripte sind abgelehnt worden.« Und traurig schloß sie: »Vielleicht bin ich vom Pech verfolgt. Jedenfalls weiß ich, daß

Dr. Joseph Murphys Vermächtnis, Kapitel 5

mit mir etwas nicht stimmt.« Ihr ganzer Bericht war von negativen Äußerungen durchzogen. Sie glaubte tatsächlich, ihr Leben stünde unter keinem guten Stern.

Ich machte der bedrückten Journalistin klar, daß es für sie am allerwichtigsten sei, ihre ungesunde Angst vor imaginären, gegen sie arbeitenden bösen Mächten aufzugeben. Es sei doch viel interessanter, sagte ich, in ein wahrhaft schönes Leben einzutreten und wirkliche Erfüllung kennenzulernen. Um ihre Situation zum Guten zu wenden, müsse sie ihre Aufmerksamkeit auf all das lenken, was gut, aufbauend, harmonisch und förderlich ist.

Die Frau erklärte sich bereit, zwei Monate lang ein Experiment zu machen und mir dann die Ergebnisse zu berichten. Ganz bewußt konzentrierte sie ihre Aufmerksamkeit auf das, was sie sich in ihrem Leben wünschte. Nachdrücklich bekräftigte sie: »Die unendliche Weisheit öffnet den Weg für die Veröffentlichung meiner Buchmanuskripte. Ich bin glücklich verheiratet, ich bin von dynamischer Aktivität erfüllt und erhalte in göttlicher Fügung meinen Lohn. Ich habe ein hervorragendes Einkommen, das ich mir ehrlich und in Würde verdiene. Ich setze meine Talente und Fähigkeiten in wunderbarer, nützlicher Weise ein. Man schätzt mich, ich bin gefragt und werde gebraucht. Ich freue mich. Gott, ich danke dir.«

Sie wiederholte diese aufbauenden Bekräftigungen regelmäßig und widmete so ihre Aufmerksamkeit der freudigen Erwartung des Guten. Noch vor Ablauf der vereinbarten Frist teilte sie mir mit, daß sie plötzlich, aus heiterem Himmel, Anerkennung gefunden habe. Sie hatte eine Anstellung als Verlagsassistentin gefunden. Der Verleger hatte ihre Manuskripte gelesen und beschlossen, ihre sämtlichen Schriften nacheinander zu veröffentlichen. Infolge ihrer veränderten Geistes- und Gefühlshaltung erhielt sie nun tatkräftige Unterstützung seitens vieler Menschen, die sie zuvor kaum gekannt hatte.

Sie führt nicht länger ein Leben der Einschränkung, denn sie ist jetzt beherrscht von der Vorstellung eines reichen und erfüllten Lebens. Inzwischen, rund ein Jahr später, ist sie auch verheiratet und sehr glücklich in ihrer Ehe. Sie hat sich in eine Begeisterte verwandelt. Begeisterte sind alle die Menschen, die sich zuerst geistig einem Wunschtraum, einem Anliegen, einem Ideal verschrieben haben und dann ihr Leben der Verwirklichung ihres Wunschtraums, ihres Anliegens, ihres Ideals verschreiben. Solche Menschen »versetzen Berge«.

Beten für andere befreite sie

Die Chefsekretärin eines angesehenen Unternehmens beklagte sich bei mir über das »unmoralische, ausschweifende Leben«, das die meisten Firmenangehörigen angeblich führten. Nicht wenige verheiratete Frauen hatten nebenher ihre Freunde; von den verheirateten Männern unterhielten viele Verhältnisse und rühmten sich noch ungeniert ihrer Untreue. Die Chefsekretärin war ein sehr selbstgerechtes Wesen, sie schaute auf die anderen herab und hielt für tugendsam nur sich selbst.

Ich erklärte ihr, daß sie das Leben ihrer Arbeitskollegen nicht beherrschen könne und auch nicht zu beherrschen versuchen dürfe. Wenn die einen oder anderen ihrer Kollegen Krebs oder Tuberkulose hätten, verkrüppelt oder gelähmt wären, so sagte ich, würde sie ihnen sicher nicht zürnen, sondern ihnen voll Mitleid alles Gute, vor allem Gesundheit wünschen. Ich machte ihr klar, daß manche Menschen eben eine ungesunde Einstellung, eine verdrehte Denkweise oder ein gestörtes Gefühlsleben haben und daß sie in einem solchen Fall nur eines tun könne, nämlich für diese Menschen beten statt sie verurteilen. Einzig dadurch konnte sie ihren Zorn und ihre Feindseligkeit überwinden. Von dem großen römischen Kaiser und Philosophen Mark Aurel stammt das wahre Wort: »Wo kein Urteil ist, da ist kein Schmerz.«

Die Frau sah ein, daß sie aufhören mußte, Urteile über andere zu fällen, weil alles Bittere, das sie ihren Kollegen zudachte, ihrem eigenen Gefühlsleben sehr schadete und als Folge davon auch zu körperlichen Störungen führte. Ab sofort betete sie jeden Morgen und jeden Abend für die Kollegen: »Ich sehe in meinen Kollegen das Göttliche, das jeder Mensch kraft Geistes in sich trägt. Gott führt sie. Göttliche Liebe erfüllt ihren Geist und ihre Herzen. Gottes Frieden durchströmt sie und erfüllt ihr ganzes Wesen. Gott liebt sie und sorgt für sie. Ich strahle ihnen gegenüber Liebe und Wohlwollen, Frieden und Freundlichkeit aus.«

Wenn Gedanken oder Gefühle des Ärgers oder Zorns in ihr aufstiegen, was, wie sie mir gestand, anfangs natürlich noch oft geschah, begegnete die Frau solchen Anwandlungen sofort mit dem spirituellen Gedanken: »Gott liebt euch und sorgt für euch.«

Ihre neue Einstellung heilte sie von ihrer selbstgerechten Arroganz, andere zu kritisieren und zu verurteilen. Die Migräne, unter der sie jahrelang gelitten hatte, verschwand, sie litt auch keine Seelenqualen mehr. Sie wurde ein gesunder, ausgeglichener Mensch und erfuhr an sich, wie wertvoll es ist, für andere zu beten. Indem sie für andere betete, vermochte sie aus sich selbst herauszugehen und sich geistig-seelisch zu befreien.

Schon der englische Dichter Alfred Tennyson kannte die befreiende Wirkung des Betens für andere, wie die nachstehenden Verse deutlich machen:

Wie wollen Menschen besser sein als Schafe oder Ziegen,
Wenn sie, Gott kennend, nicht die Hände heben zum Gebet

Für jene, die sie lieben und denen sie als Freunde gelten,
Ist doch auf solche Weise unsre ganze runde Erde
Mit goldnen Ketten an den Füßen Gottes festgemacht.

Und Kaiser Mark Aurel, den seine philosophischen Neigungen der Stoa nahebrachten, gelangte zu der Erkenntnis: »Was irgendein Mensch auch tut oder sagt, du mußt gut sein; nicht um irgendeines Menschen willen, sondern um deiner eigenen Natur willen; so, wie der Smaragd zu sich sagen würde: Was immer irgendein Mensch tut oder sagt, ich muß trotzdem ein Smaragd sein, und ich muß meine Farbe behalten.«

Seien Sie heiter, denn Sie sind wunderbar!

Wenn Sie jemanden aufsuchen müssen, den Sie für eine für Sie wichtige oder große Persönlichkeit halten, sollten Sie unbedingt »geistige Boten« vorausschicken, die Ihnen den Weg ebnen. Wenden Sie folgende Gebetsformel an: »Göttliche Liebe geht mir voraus und macht mir den Weg eben, den ich heiter und froh gehen werde. Ich sende die Boten Friede, Harmonie, Freude und Freundlichkeit vor mir her, die meine Anweisungen getreulich ausführen. Der göttliche Geist in mir grüßt den göttlichen Geist in ... (nennen Sie den Namen), und zwischen uns herrschen Harmonie und göttliches Verständnis. Wir sind beide gesegnet.«

Bekräftigen Sie diese Suggestionen, bis Sie im innersten Herzen von deren Wahrheit überzeugt sind. Sie spüren es, wenn dies der Fall ist, weil dann eine heitere Gemütsruhe Sie erfüllt.

Epiktet, der im ersten Jahrhundert nach Christus lebte, verstand seine Philosophie – er wird den Stoikern zugerechnet – in praktische Lebensweisheiten umzusetzen. »Wenn du zu einer großen Persönlichkeit gehst, denke daran, daß ein Anderer [Gott] von oben sieht, was geschieht, und daß du eher Ihm gefallen solltest als deinem Großen.«

Epiktet war es auch, der uns die weisen Worte hinterließ: »Soll ich nicht den verletzen, der mich verletzt hat? Überlege zunächst einmal, was verletzen bedeutet. Denn wenn das Gute und ebenso auch das Böse in meiner Wahl des Handelns besteht, siehe, ob das, was du sagst, nicht heißt: Was denn? Soll ich, nachdem dieser Mensch sich selbst verletzt hat, indem er unrecht an mir handelte, mich auch selbst verletzen, indem ich unrecht an ihm handle?«

Wenn Sie Haß- und Rachegelüsten nachgeben, schaden Sie tatsächlich nur sich selbst und vergeuden Ihre Kräfte. Haben Sie sich schon einmal vergegenwärtigt, welche ungeheuren Möglichkeiten unerschlossen in Ihnen ruhen, wie wunderbar Sie im Grunde sind? Ja, Sie *sind* wunderbar! Göttliche Fähigkeiten und Kräfte schlummern in Ihnen und warten nur darauf, von Ihnen erschlossen und genutzt zu werden. Sie leben hier auf Erden, um das Göttliche in Ihnen zu erkennen, und das ist wunderbar. Und wenn Sie das Göttliche im Leben zur Geltung bringen, dann erfüllen Sie das Gesetz des unendlichen Geistes, nämlich ein glückliches, erfülltes Leben zu führen.

Lösen Sie sich von falschen alten Überzeugungen. Werfen Sie die alten Kleider ab und seien Sie nicht länger ein armer Mensch, ein kranker Mensch, ein leidender Mensch. Verlassen Sie die ausgefahrenen Geleise, auf denen Sie sich in Ihrer Kindheit bewegten. Singen Sie etwa noch die gleichen Lieder wie damals? Glauben Sie etwa noch immer alles, was Großmutter und Großvater Ihnen damals über Gott, das Leben und das Universum erzählten? Hegen Sie etwa heute noch die überlebten Überzeugungen längst toter Menschen, Ideen, die sich im Lichte neuer wissenschaftlicher Erkenntnisse als falsch erwiesen haben?

Leider beharren die meisten Menschen auf abwegigen alten Vorstellungen von Gott und der Bestimmung des Menschen, obwohl jedermann bei nur geringster Aufgeschlossenheit wissen könnte, daß diese Vorstellungen absolut falsch sind.

Öffnen Sie sich der Wahrheit Gottes! Öffnen Sie sich der Sonne aller Energie, der Liebe Gottes, und werden Sie ein neuer Mensch! Entfalten Sie sich zu dem wunderbaren Wesen, das Sie kraft des Ihnen innewohnenden göttlichen Geistes sein können!

Achten Sie immer auf Ihre Worte

Der verstorbene Dr. Frederick Bailes, viele Jahre lang einer der großen geistigen Lehrer von Los Angeles, erzählte mir, daß ein Freund von ihm mehrmals sagte: »Frederick, alle Mitglieder meiner Familie sind mit zweiundsiebzig Jahren gestorben. Ich werde nächstes Jahr zweiundsiebzig, und das wär's dann wohl gewesen.«

Dr. Bailes wies seinen Freund nachdrücklich auf die Gefahren einer solchen Aussage hin, die bei ständiger Wiederholung vom Unterbewußtsein akzeptiert und zur inneren Gewißheit wird. Doch der Freund hörte nicht auf ihn, er redete, wohl um seine Unerschrockenheit zu demonstrieren, im gleichen Stil weiter, und an seinem zweiundsiebzigsten Geburtstag brach er auf der Straße tot zusammen.

Der Mann hatte sein Ableben selbst verfügt. In der Bibel heißt es: *Aus deinen Worten wirst du gerechtfertigt werden, und aus deinen Worten wirst du verdammt werden* (Matthäus 12, 37).

Unlängst sagte mir ein Geschäftsmann: »Ich bin alt,

Dr. Joseph Murphys Vermächtnis, Kapitel 5   101

mit mir geht es bergab. Schließlich bin ich schon fünfund-
sechzig.« Ähnliches sagen viele. Solche Suggestionen der
Schwäche, der Hinfälligkeit und der Alterskapitulation
sinken ins Unterbewußtsein und werden von diesem unweigerlich zur Geltung gebracht. Sorgen sie dafür, daß
Ihre Worte, die ja Ansichten und Überzeugungen ausdrücken, Sie und alle Ihre Mitmenschen stets inspirieren,
heilen und den Wohltaten Gottes und des Lebens gerecht
werden.

Als ich vor kurzem im Krankenhaus unseres Viertels
Kranke besuchte, sagte eine Frau zu mir: »Ich werde hier
sterben! Das weiß ich ganz sicher. Hier sterben jeden Tag
Leute.«

Darauf entgegnete ich: »Sie müssen keineswegs hier
sterben. Sie brauchen nur Ihre Haltung zu ändern und zu
bekräftigen: ›Ich lebe, denn mich erfüllt das Leben Gottes. Ich bin jetzt zu Hause bei meinem Mann und beschäf-
tige mich mit dem, was ich gern tue.‹«

Der Arzt dieser Patientin erklärte, es bestehe kein
Grund zur Besorgnis, die Frau könne wieder ganz gesund
werden und noch viele Jahre leben. Ich setzte den Ehe-
mann der Patientin über ihre Ängste ins Bild. Daraufhin
suchte er den Arzt auf, und dieser willigte ein, die Frau
nach Hause zu entlassen. Der Mann brachte sie heim,
und sie genoß es sichtlich, wieder in ihrem »eigenen
Reich« zu sein.

Indem ihr Mann sie heimholte, setzte er ihrer zerstörerischen, angsterfüllten Einstellung ein Ende. Hätte die
Frau weiter solche negativen Äußerungen gemacht, wäre
sie höchstwahrscheinlich in dem Krankenhaus gestorben.
Oft sind derartige Reden nicht ganz ernst gemeint, doch
das Unterbewußtsein versteht keinen Spaß, es verwirklicht immer, was ihm eingeprägt wird. *Denn wer leben will
und gute Tage sehen, der hüte seine Zunge, daß sie nichts
Böses rede . . .* (1. Petrus 3, 10).

Wie sie ihre Redeangst überwand

Während der Arbeit an diesem Kapitel erhielt ich einen sehr schönen Weihnachtsbrief von einer Frau aus dem Mittelwesten Amerikas. Sie schrieb, daß ich ihr auf einem internationalen Kongreß zur Verbreitung positiven Denkens geraten hätte, andere ihre Erkenntnisse zu lehren. Das hatte ich seinerzeit vermutlich infolge einer intuitiven Wahrnehmung ihrer Fähigkeiten getan. Wie sie berichtete, war es ihr Herzenswunsch zu lehren. Sie hatte schon vor dem erwähnten Kongreß viele Kurse absolviert, jedoch ihre Schüchternheit, ihre Scheu und die Angst, vor einer Gruppe zu sprechen, nicht überwinden können; trotzdem war sie bereits damals als Sozialhelferin und Beraterin recht erfolgreich gewesen.

Dann habe sie begonnen, über meine auf dem Kongreß vorgetragenen Ausführungen nachzudenken. »Sie haben«, schrieb sie, »unter anderem gesagt, daß das Leben von innen nach außen strömt, vom Gedanken zur Vergegenständlichung, vom Geist zur Sichtbarwerdung. Wir alle tragen das universelle Lebensprinzip, Gott, den unendlichen Geist, in uns, und dieses Prinzip versucht sich immer durch uns auszudrücken. Und da erkannte ich plötzlich, daß es in der göttlichen Natur des Lebens, also auch des Menschen liegt, aus sich herauszugehen, und daß in meinem Wunsch zu lehren das Lebensprinzip selbst Ausdruck suchte.«

Früher hatte Furcht die Frau zurückgehalten. Sie hatte gedacht: Vielleicht bin ich in fünf Jahren soweit, daß ich unterrichten kann! Dann aber wurde ihr klar, daß sie in fünf Jahren noch das gleiche denken würde, wenn sie nichts tat. Abgesehen von meiner Empfehlung wurde sie plötzlich auch von anderer Seite ermutigt, und sie begann in ihrer Wohnung zunächst fünf Personen in die Gesetze des Denkens und Glaubens einzuführen. Bald öffneten sich ihr alle Türen. Heute ist sie eine gesuchte Lehrerin für positives Denken.

Die Sehnsüchte, Wünsche und Bestrebungen Ihres Herzens wurden Ihnen von Gott gegeben. Akzeptieren und begrüßen Sie sie und bekräftigen Sie voll Überzeugung: »Gott gab mir diesen Wunsch. Er ist gut, ja sogar sehr gut. Gott ebnet den Weg für die wunderbare Sichtbarwerdung dieses Wunsches.«

Beginnen Sie jetzt gleich mit dieser Bekräftigung, beten Sie voll Gefühl, und Ihr Wunsch wird sich erfüllen.

»Seid aber Täter des Worts!«

Im Brief des Jakobus heißt es: *Seid aber Täter des Worts und nicht Hörer allein . . .* (1, 22).

Wenn jemand davon träumt, ein großer Chemiker zu werden, muß er zielstrebig und beharrlich studieren. Erst gründliches Fachwissen bringt ihm Anerkennung und Erfolg. Wenn ein anderer sich wünscht, ein Musikinstrument meisterlich zu beherrschen, muß er Musik studieren und üben, immer wieder üben. Ein hervorragender Chirurg genießt hohes Ansehen, doch um zu werden, was er ist, mußte er ein mehrjähriges Medizin- und Fachstudium absolvieren.

Auch die Gesetze des Denkens und Glaubens müssen erlernt, und ihre Anwendung muß geübt werden. Bevor Sie etwas, das Sie sich wünschen, haben oder tun können, müssen Sie es Ihrem Sein nach ausfüllen können. Entscheiden Sie also, was Sie sein wollen, und eignen Sie sich auf dem betreffenden Gebiet gründliches Wissen an. Damit sich aber der Wunsch verwirklicht, müssen Sie begeistert auf Ihr Ziel hinarbeiten. Sie müssen das, was Sie sein wollen, geistig vorwegnehmen.

Es kann geschehen, daß im Zusammenhang mit Ihrem

Wunsch, etwas zu sein, zu tun oder zu erlangen, Angst und Zweifel in Ihnen aufsteigen. Dann sollten Sie die Verwirklichung Ihres Wunsches preisen und sich ihn bildhaft als verwirklicht vorstellen. Es hätte keinen Sinn abzuleugnen, daß in Ihnen Angst und Zweifel aufgetaucht sind. Doch wenn Sie in einem solchen Fall von einem positiven, spirituellen Standpunkt aus sich die Verwirklichung Ihres Wunsches beharrlich als bereits eingetreten vorstellen, dann neutralisieren Sie derartige negative Anwandlungen.

Angst beruht immer auf der Tatsache, daß jemand äußeren Umständen verursachende Wirkung beimißt. Äußerlichkeiten sind stets etwas Bewirktes, also Wirkung und nicht Ursache.

Machen Sie sich diese Wahrheit bewußt, dann wird jede Angst verschwinden. Bekräftigen Sie, daß Ihr Wunsch Ihnen von Gott eingegeben wurde und daß seine unendliche Weisheit Ihnen den perfekten Plan für die Verwirklichung offenbaren wird. Wenn Sie dies tun, herrscht in Ihrem Geist kein Widerspruch und kein ängstlicher Widerstand mehr gegen die Wunscherfüllung. Sofern Sie sich Ihren Wunsch immer wieder als existierende Wirklichkeit vorstellen, wird er sich zwangsläufig, einem unverrückbaren Gesetz gehorchend, verwirklichen.

Bestärken Sie sich in der Gewißheit des Einsseins

Darum sollt ihr also beten: »*Unser Vater im Himmel! . . .*« (Matthäus 6, 9).

»Unser Vater« ist ein symbolischer Ausdruck für die unpersönliche Allgegenwart des unendlichen Geistes, die allen Menschen gleichermaßen zur Verfügung steht. Sie antwortet allen, die sie anrufen, und ist für den Nichtwissenden genauso verfügbar wie für den Wissenden, für den »Sünder« genauso wie für den Frommen. Diese Gegenwart ist grenzenlos, zeitlos, raumlos. Doch Sie können sie ausdrücken, indem Sie sich denkend und handelnd im Gotteslicht der Liebe, des Friedens und der Harmonie bewegen.

»Unser Vater« bringt aber auch zum Ausdruck, daß wir alle einen gemeinsamen Vater haben. Dieser Vater ist der Inbegriff des lebendigen Geistes und Schöpfer des Lebens, das alles beseelt. Natürlich bedeutet »unser Vater« zugleich auch, daß wir Menschen alle »Geschwister«, Verwandte im Verbund der Großfamilie der Menschheit sind, denn in uns wirkt das gleiche allgegenwärtige Lebensprinzip. Wir haben den gleichen Ursprung und sind aus dem gleichen Stoff.

Machen Sie sich beim Beten bewußt, daß Sie mit allen Menschen eins sind, und wünschen Sie Ihren sämtlichen Brüdern und Schwestern alle Wohltaten des Lebens. Eifersucht, Neid, Zorn oder Haß gegenüber anderen Menschen, Verachtung oder Lieblosigkeit gegenüber Tieren oder etwas anderem, das Gott erschaffen hat, zerstört Ihr Gefühl der Einheit und des Einsseins mit der göttlichen Allgegenwart.

Wie schon gesagt, stammt alles im Universum aus einer einzigen Quelle. Daraus folgt, daß dem Wesen nach nicht ein einziges Lebewesen oder Ding im Widerspruch zu einem anderen stehen kann. Gott, der unendliche Geist, ist eins und unteilbar, und alle Lebewesen und Dinge sind sichtbar gemachter Geist. Geist kann sich selbst nicht bekämpfen. *Darum steht geschrieben: Wir wissen aber, daß denen, die Gott lieben, alle Dinge zum Besten dienen ...* (Römer 8, 28).

Zu den erstaunlichsten Schöpfungen des menschlichen Geistes zählen die *Upanischaden,* philosophisch-theologische Abhandlungen, die zum frühen wedischen Schrift-

Die Heiterkeit oder das Freisein von Angst und Haß

tum Indiens gehören und mystische Lehren erstaunlichen esoterischen Wissens enthalten. Die nachstehenden, beherzigenswerten Zitate entstammen der *Maitri-Upanischad:*

»Der Mensch strebe danach, seine Gedanken zu reinigen. Was ein Mensch denkt, das ist er; dies ist das ewige Geheimnis. Wer mit heiteren Gedanken bei Gott verweilt, wird unvergängliches Glück erhalten. Wären die Gedanken des Menschen so auf Brahma* fixiert wie auf die Erfahrungen der Sinne, wer würde dann nicht jeder Fessel ledig sein?«

---

* Brahma ist der höchste Gott der hinduistischen Religion und als solcher die Personifizierung des Brahman, der Weltseele.

EIN MEDITATIONSTEXT ZUR AUFBAUENDEN PRÄGUNG IHRES UNTERBEWUSSTSEINS

Ausgehend von dem auch in diesem Kapitel erörterten Wort des Jakobus habe ich in meinem Buch *Der Weg zu innerem und äußerem Reichtum* (Ariston Verlag) eine Meditationsübung zusammengestellt, die Sie täglich durchführen sollten. Ihr Inhalt prägt Ihr Unterbewußtsein, durch das Sie die unendlichen Fähigkeiten und Kräfte des Göttlichen in Ihnen freisetzen können:

»Seid aber Täter des Worts und nicht Hörer allein, dadurch ihr euch selbst betrüget (Jakobus 1, 22). Mein schöpferisches Wort geht aus meiner stillen Überzeugung hervor, daß mein Gebet erhört wird. Wenn ich die Worte Heilung, Gedeihen oder Erfolg ausspreche, bin ich mir ihrer gestaltenden Kraft bewußt, und ich weiß, daß meine Worte Kraft haben, weil sie im Einklang mit der Allmacht des unendlichen Geistes stehen. Die Worte, die ich spreche, sind deshalb immer aufbauend, denn sie sind tatsächlich schöpferisch. Wenn ich bete, sind meine Vorstellungen bildhaft und meine stets liebevollen Worte voll Leben und Gefühl. Diese Tatsache macht meine Bekräftigungen wirksam, verleiht meinem Denken und Glauben kreative Kraft.

Ich weiß: Je intensiver ich von der Wahrheit dessen, was ich bekräftige, überzeugt bin, desto mehr Kraft hat mein Wort. Die von mir geäußerten Worte sind die gestaltannehmende Form der Struktur meines kreativen Denkens und Glaubens. Göttliche Weisheit wirkt jetzt durch mich und offenbart mir, was ich wissen muß. Ich habe die Antwort jetzt erhalten. In mir herrscht Frieden. Gott ist Frieden.«

KAPITEL 6

Die Steuerung Ihres Denkens und Fühlens

Ich habe in den vorstehenden Kapiteln anhand der Bibel entstammender Gleichnisse und zahlreicher Fallgeschichten, die das Leben schrieb, zu demonstrieren versucht, worauf es ankommt: Gedanken sind Kräfte, und der Mensch ist, was er denkt. Wer diese Wahrheit im positiven Sinne für sich nutzen will, muß lernen, sein Denken und somit auch sein Gefühlsleben zu beherrschen.

Das ist gar nicht so schwer, wie Sie vielleicht meinen. Sie sind – verstehen Sie das als anschaulichen Vergleich – der Chef Ihres Geistes, und Ihre Gedanken sind Ihre Angestellten und Arbeiter. Sicherlich möchten Sie, daß Ihre Mitarbeiter Gutes leisten und in jeder Hinsicht das Wohlergehen der Firma fördern. Sie geben ihnen daher konkrete Anweisungen und sagen ihnen, worauf sie ihre besondere Aufmerksamkeit lenken sollen.

Genauso müssen Sie mit Ihren Gedanken umgehen. Ordnen Sie positive Inhalte an mit dem Auftrag, diese beizubehalten. Ihre Gedanken rufen Gefühle wach, und wenn Ihr Denken positiv ist, ist dies auch Ihr Fühlen. Kontrollieren Sie hingegen Ihre Gedanken nicht, so werden andere Menschen Sie beherrschen, und Sie werden zum Sklaven ihrer Ansichten, Überzeugungen und Wünsche.

Lassen Sie das nicht zu. Dulden Sie nicht, daß Ihre Gedanken und Gefühle, angeheizt durch Dritte, in Aufruhr geraten; Sie verlieren sonst jede Kontrolle über Ihr Leben.

Sie hörte wieder die Vögel singen

Eine völlig zerfahren wirkende Frau, die offensichtlich vor einem Nervenzusammenbruch stand und, wie sie selbst sagte, unter starken Krämpfen litt, gab ihren Angehörigen die Schuld an ihrem Zustand. Sie sagte: »Ständig muß ich mich über meine Verwandten aufregen. Es ist so, als hätten sich alle gegen mich verschworen. Fast alles, was die tun und sagen, kränkt und beleidigt mich. Ich werde das Gefühl nicht los, daß sie mich nicht ausstehen können und mich höchstwahrscheinlich sogar hassen. Natürlich quält mich das.«

Die einzige Ursache für den bedauernswerten Zustand der Frau war aber, wie ich sehr bald herausfand, ihre krankhafte Phantasie. Sie bildete sich Kränkungen und Beleidigungen ein, die ihre Verwandten ihr in Wirklichkeit gar nicht zufügten.

In einem eindringlichen Gespräch konnte ich die Frau zu der Erkenntnis bringen, daß ihr zur Gewohnheit gewordenes, stark gefühlsbesetztes negatives Denken der Grund für ihre schlechte Verfassung, für ihre Krämpfe und für die Spannungen mit ihren Angehörigen war. Ich forderte sie im Bild des in der Einleitung zu diesem Kapitel geschilderten Vergleichs auf, sich zur »Chefin« ihrer Gedanken zu machen und ihnen eine positive Richtung zu geben.

Ihr war klargeworden, daß sie nur so genesen konnte. Jedesmal, wenn einer ihrer Verwandten ihr einfiel, bekräftigte sie sogleich voll Nachdruck: »Gott liebt dich. Gott ist mit dir.«

Dies machte sie sich zur Gewohnheit, und bereits nach

zwei Wochen rief sie mich an, um mir zu versichern, ihr Zustand bessere sich zunehmend. Als ich sie kürzlich wiedersah, erzählte sie mir, sie habe einen Teil ihres Hauses an ihren Neffen – einen der ehemals »bösen Verwandten« – und dessen Frau abgetreten. Im Garten würden »jetzt die Vögel wieder singen, weil dort die Kinder der beiden spielen«. Die Frau war völlig gesund.

Die Ursache seiner Sorgen war Angst

In meiner Nähe wohnt ein Nervenarzt, mit dem ich seit langem befreundet bin. Er erzielt erstaunliche Erfolge bei der Behandlung von Neurotikern. Nach seiner Definition ist ein Neurotiker ein Mensch, der unter dem Zwang eingebildeter Kränkungen und Überzeugungen, die nicht wahr sind, wirr denkt und daher auch in seinem Gefühlsleben gestört ist. Gewöhnlich »verordnet« mein Freund solchen Menschen eine Beschäftigung. Einigen empfiehlt er sogar, sich in seiner Klinik aktiv zu betätigen. Wenn ihr Interesse für andere Menschen geweckt wird und sie sich um diese kümmern, bessert sich meist ihr eigener Zustand – oft in erstaunlichem Maße. Der Grund dafür ist, daß sie nun die in ihnen lange verschlossen gehaltene Liebe und Freundlichkeit ihres tieferen Wesens freisetzen können.

Dieser Arzt-Freund machte mich mit einem seiner Bekannten, einem Architekten, bekannt, von dem er sagte, er sei zwar noch kein Neurotiker im pathologischen Sinn und daher auch nicht in seiner Behandlung, er könne es aber, wenn sich nichts ändere, leicht werden. Der Mann machte sich große Sorgen um seine beiden noch kleinen Söhne, sein Geschäft, sein häusliches Leben und um die Sicherheit seiner Familie, weil er beruflich sehr viel unterwegs sein mußte.

Ich erklärte ihm, seine Sorgen seien auf Angst zurückzuführen; dieses Angstgefühl aber sei eine Folge negativen Denkens. Wenn er sich regelmäßig die Allgegenwart Gottes vergegenwärtige, würde er sich über Angst und Sorgen erheben. Und ich schrieb ihm ein Gebet auf, das wie folgt lautete:

»Gott ist allgegenwärtig und daher auch in mir. Zusammen mit Gott bildet man immer eine Mehrheit. *Ist Gott für uns, wer mag wider uns sein?* (Römer 8, 31). Ich glaube und weiß, daß Gott der allmächtige lebendige Geist ist, an dem ich kraft Geistes teilhabe. Wenn meine Gedanken die Gedanken Gottes sind, ist Gott mit meinen Gedanken an das Gute. Ich weiß, daß Gedanken Gefühle hervorrufen und daß ich nicht erhalten kann, was ich nicht gebe.

Darum entfalte ich jetzt Liebe und Freundlichkeit gegenüber meinen Angehörigen und allen Menschen auf Erden. Ich spüre, daß mich die Liebe Gottes umgibt und mich schützt. Die mir innewohnende Gotteskraft führt und leitet mich, und ich trete, frei von Angst und Zweifel, in die wahre Lebensfreude ein. ... *Vor dir ist Freude die Fülle und liebliches Wesen zu deiner Rechten ewiglich* (Psalm 16, 11).«

Die Vergegenwärtigung dieses Gebetsinhaltes ist schöpferisches Meditieren, das unfehlbar seine Wirkung hat.

Der Mann fand in kurzer Zeit zu beglückendem Seelenfrieden, zu Ausgeglichenheit und Heiterkeit. »Meine innere Wandlung hat sich erfreulicherweise auch auf meine Frau übertragen«, sagte er mir. »Sie hat jetzt im Unterschied zu früher keine Angst mehr, wenn ich wegfahre oder die Söhne verspätet heimkommen.« Zu mir sprach ein neuer Mensch, und *die Haut seines Angesichts glänzte* (2. Mose 34, 29). *Wer festen Herzens ist, dem bewahrst du Frieden ...* (Jesaja 26, 3).

Jede Erfahrung hat ihren Grund

Eine junge Sängerin, die ihre Begabung und ihr Können zum Beruf machen wollte und davon träumte, im Fernsehen aufzutreten, bekam eine Absage nach der anderen. Ungeachtet dieser Rückschläge hielt sie an ihrem Wunsch fest.

Eines Abends fiel sie in eine Art Halbschlaf; sie fühlte sich vollkommen entspannt, hörte die Uhr im Zimmer ticken und ihr Baby leise greinen; sie hatte jedoch nicht den Wunsch, sich zu bewegen. Ihr Bewußtsein war in diesem Halbschlaf herabgesetzt, also weitgehend abgeschaltet. In dem passiven Zustand sagte sie: »Ich will Sängerin im Fernsehen werden.« Damit hatte sie ihre Bitte formuliert. Dann verdichtete sie die Bitte zu dem einen Wort »Fernsehen«, und während sie das Wort ein ums andere Mal wiederholte, fiel sie in tiefen Schlaf.

Einige Tage danach wurde sie an Amerikas größter Fernsehanstalt zu einem Probesingen zugelassen und vom Fleck weg engagiert. Heute ist sie ein Star.

In einem entspannten Zustand herabgesetzten Bewußtseins ist das Unterbewußtsein eines jeden Menschen besonders aufnahmebereit. Dieser Zustand führt zu einer gesteigerten Suggestibilität, das heißt einer höheren Empfänglichkeit für Suggestionen. Natürlich sollten Sie nicht annehmen, daß die zum Wort »Fernsehen« verdichtete Suggestion jener Nacht allein die Wende im Leben der jungen Frau herbeigeführt hat. Die Sängerin hegte jahrelang diesen ihren Wunsch, der in besagter Nacht seine dramatische Formulierung erfuhr. Der Psalmist sagt: *Du erfreuest mein Herz . . . Ich liege und schlafe ganz mit Frieden; denn allein du, Herr, hilfst mir, daß ich sicher wohne* (Psalm 4, 8–9).

Samen brauchen, je nach ihrer Art, unterschiedlich lange, um zu keimen, zu wachsen und zu reifen. Auch was dem Unterbewußtsein eingeprägt wird, braucht seine Zeit, bis sich die Wirkung einstellt; das kann Tage, Wochen, Monate oder sogar Jahre dauern. *Von dem Tag aber und der Stunde weiß niemand, auch die Engel nicht im Himmel, auch der Sohn nicht, sondern allein der Vater* (Markus 13, 32).

Wenn Ihr Gebet sehr lange nicht erhört wird oder in Ihrem Leben überraschend etwas Unerfreuliches geschieht, sollten Sie prüfen, ob das nicht auf ein altes, unverarbeitetes Erlebnis zurückzuführen ist. Nehmen wir einmal an, Ihr Geschäftspartner habe Sie um eine beträchtliche Summe betrogen. Bei dem Gedanken an ihn geraten Sie jedesmal in Wut. Sie durchleben die ganze Angelegenheit noch einmal und haben sie weder vergessen noch ihm vergeben. Die in Ihrem Unterbewußtsein schwärenden Wurzeln Ihrer Erbitterung können Sie jedoch einzig und allein durch vollkommenes Vergeben ausreißen. Der Beweis für vollkommenes Vergeben ist, daß Sie beim Zurückdenken an die Angelegenheit völlig ruhig bleiben, keine besonderen Empfindungen haben und keinerlei Erregung verspüren.

Wenn Sie hingegen die Inszenierung und die Entdeckung des Betrugs immer wieder emotional aufgewühlt durchleben, erwecken Sie die enttäuschende Erfahrung stets zu neuem Leben; gleich manchen Pflanzen, die absterben und nach einer gewissen Zeit von neuem sprießen, quält Sie das alte schmerzliche Erlebnis immer wieder. Es beeinflußt Ihr Leben in negativer Weise, und Sie fragen sich verwundert, woher der schädliche Einfluß kommt.

Prüfen Sie, ob Sie gegenüber Menschen, die Ihnen etwas angetan oder Sie verletzt haben, wirklich frei von Bitterkeit und Feindseligkeit sind. Ist es Ihnen möglich, diese Menschen als glückliche, freie, von Harmonie und Freude erfüllte Wesen zu sehen? Falls nicht, haben Sie weder vergeben noch vergessen, sondern tragen den Stachel der schmerzlichen Erfahrung noch immer in sich.

Diesen Stachel müssen Sie ausmerzen, und dies wird Ihnen nur gelingen, indem Sie den betreffenden Menschen alle Wohltaten des Lebens wünschen und sie Gott überantworten. Nur wenn Sie dies voll aufrichtiger Überzeugung tun, werden Sie wirklich frei.

»Trotzdem glücklich« ist ein innerer Widerspruch

Ein Mann sagte am Ende einer Reihe von Klagen wohl in falsch verstandener Tapferkeit: »Ich bin trotzdem glücklich.« Wer so denkt und redet, empfindet kein echtes Glück.

Sie sollen nicht »trotzdem« glücklich sein; Sie können glücklich sein, weil Sie es so verfügt haben. Stellen Sie sich zum Beispiel vor, daß Ihr Nachbar arbeitslos ist und Sie sagen: »Ich bin besser dran als er, denn ich habe Arbeit. Darüber bin ich glücklich, trotz der jämmerlichen Verhältnisse, in denen ich lebe.« Sehen Sie sich diesen Ausspruch genau an. Damit gestehen Sie in Wirklichkeit Mangel und Eingeschränktheit ein, und Sie lassen erkennen, daß es Ihnen an echtem Glück fehlt.

Wahrhaft glücklich können Sie nur sein, wenn Sie verfügen, daß Ihnen Frieden, Harmonie und Wohlergehen in jeder Hinsicht beschieden sind. Wenn Sie dieses geistig verordnete Glück empfinden, kann es nicht geschehen, daß Sie in Gedanken bei Mangel oder Eingeschränktheit, bei der »Jämmerlichkeit Ihrer Verhältnisse« verweilen. Tun Sie das aber, ist es ausgeschlossen, daß Sie »trotzdem« glücklich sind; die Jämmerlichkeit wird in Ihrem Leben zwangsläufig sichtbar werden.

Eine Frau erzählte mir, sie habe seit drei Jahren ein Verhältnis mit einem Mann. Sie liebe ihn, und er liebe sie auch. Es sei für sie nicht so wichtig, ob er sie heirate oder nicht. Allerdings treffe er sich mit ihr immer nur in einem schäbigen Hotel. Er nehme sie nirgendshin mit und habe sie weder mit seinen Verwandten noch mit Freunden bekannt gemacht. Wenn ihnen auf der Straße jemand entgegenkomme, den er kenne, dann müsse sie mit ihm ins nächste Geschäft verschwinden. »Das stört mich natürlich sehr, aber ich bin trotzdem glücklich, daß er mich liebt.«

Die Frau verschloß die Augen vor der Tatsache, daß der Mann sie gar nicht liebte, ja gar nicht lieben konnte. Ich erklärte ihr, daß er, wenn er sie wirklich liebte, sie überallhin mitnehmen und sie nicht in ein Hinterhofhotel bestellen würde. Seine angebliche Liebe zu ihr sei bestimmt nicht echt, sonst würde er das Licht der Öffentlichkeit nicht scheuen.

Am Ende unserer Unterredung beschloß die Frau, ihren Freund Gott zu überantworten und um eine Lösung des Problems zu beten. Wenig später fand sie heraus, daß der Mann verheiratet war und sie von Anfang an belogen hatte. Sie brach mit ihm. Ich gab ihr mein Buch *Die Gesetze des Denkens und Glaubens* (Ariston Verlag), dessen Inhalt sie, sagte sie mir später, begeistert habe und sie im Alltag auch beherzige.

Die Frau denkt und fühlt heute anders. So hat sich auch ihr Leben zum Guten gewendet. Inzwischen lernte sie einen ehrlichen, liebenswerten Mann kennen, und eine glückliche Verbindung bahnt sich an.

Entscheidend ist die innere Überzeugung

Der Wunsch, etwas zu glauben, wird oft mit wirklichem Glauben verwechselt. Wirklich glauben heißt etwas innerlich als wahr akzeptieren. Es heißt, in einem Zustand zu leben, in dem man die Glaubensinhalte als Realität empfindet.

Eine Frau, die wegen eines bösartigen Tumors im Krankenhaus lag, bekam ein Buch in die Hand und weigerte sich daraufhin, die notwendige Operation vornehmen zu lassen. Einer Freundin, die ihr deswegen Vorhaltungen machte, las sie die Passagen in dem Buch über bemerkenswerte Heilungen vor; dann sagte sie: »Auf so etwas warte ich.« Die Frau sprach nicht aus Überzeugung, sondern eher nur aus einer Anwandlung heraus, weil ihr eine solche außergewöhnliche Heilung wünschenswert und bequem erschien.

Denken oder Glauben dieser Art ist wie ein Same, der auf steinigen Boden fällt. Er keimt vielleicht zwar, welkt dann aber rasch mangels Nahrung hin, lange bevor er zum Tragen kommt. Die Frau versuchte es auch mit Beten, doch ihre Gebete wirkten nicht, weil ihr Glaube in Wahrheit nur ein Wunsch nach Glauben war und nicht auf innerer Überzeugung beruhte. *Es ist aber der Glaube das feste Vertrauen auf das Erhoffte und ein Nichtzweifeln an dem, was man nicht sieht* (Hebräer 11, 1).

Die Wahrheit dieser Feststellung erweist sich auch im Alltag. Ein Schuhmacher wollte in einer ziemlich abgelegenen Straße, in der es nur wenige Läden gab, ein Geschäft eröffnen. Freunde rieten ihm, sein Geschäft doch lieber neben einer großen Schuhreparaturwerkstatt aufzumachen, weil er so von der Werbung der bekannten Werkstatt profitieren könne. Er tat es und hatte auch Erfolg; viele Kunden der Werkstatt ließen sich bei ihm Maßschuhe anfertigen. Ein anderer Geschäftsmann jedoch eröffnete in der vom Geschäftszentrum abgelegenen Straße einen Laden und hatte damit sogar noch größeren Erfolg.

Dies zeigt, daß die scheinbaren Beweise, die unsere Sinne und unser Verstand uns liefern, oft trügerisch und unzuverlässig sind; entscheidend ist, was wir mit innerer Überzeugung tun.

Beten Sie in freudiger Erwartung

Ein Mann behauptete, er könne ein Gefühl der Freude nicht haben wegen etwas, das er noch nicht durchlebt habe, weil das freudige Ereignis noch gar nicht eingetreten sei. Nehmen wir aber einmal an: Ich erzähle Ihnen, daß etwas für Sie einmalig Schönes geschehen ist, enthalte Ihnen aber, um Ihre Spannung zu steigern, ein paar Minuten lang vor, worum es sich handelt. Könnten sie erwartungsvolle Freude empfinden oder nicht? Natürlich könnten Sie es! Und zweifellos würden Sie sich auch während eines langwierigen Gerichtsverfahrens, lange bevor das Urteil gefällt ist, in Gefühlen der Freude ergehen, wenn sich ein für Sie glücklicher Ausgang des Rechtsstreits abzuzeichnen beginnt.

Beim Beten läuft ein ganz ähnlicher psychologischer Vorgang ab. Sie beten um etwas, dessen Verwirklichung noch nicht Teil Ihrer Erfahrung ist; doch Sie akzeptieren die Vorstellung des noch nicht Erlebten oder, anders ausgedrückt, Sie nehmen das Erwünschte geistig als bereits vollzogene Wirklichkeit vorweg in dem freudigen Gefühl des Wissens, daß die allmächtige Gotteskraft des unendlichen Geistes es verwirklichen wird. Die Verwirklichung wird zwangsläufig stattfinden.

Ihre Religion legt weitgehend Ihre Beziehung zu Gott fest. Wenn Ihre Beziehung Sie zufrieden und glücklich macht und Ihnen Trost bringt, sollten Sie sich damit begnügen und nicht versuchen, andere zu Ihrer religiösen Überzeugung zu bekehren.

Vor einigen Monaten wurde ein Mädchen protestantischer Konfession in kritischem Zustand ins Krankenhaus eingeliefert, wo zu dieser Zeit gerade kein protestantischer, wohl aber ein katholischer Geistlicher anwesend war. Er sagte zu dem Mädchen: »Leg deine Hand in meine, und dann beten wir miteinander zu Jesus.« Die Kleine überwand die Krise. Sie glaubte an Jesus als einen allmächtigen Arzt, der heilen kann, und sie betete in freudiger Erwartung des Guten – und ihr geschah, wie sie geglaubt hatte. Spielt es eine Rolle, was für ein Geistlicher sie in ihrem Glauben bekräftigte?

Würde auch nur die Hälfte der Menschen an die Glaubenswahrheiten ihrer Religionen wirklich glauben, sähe unsere Welt ganz anders aus. Es gäbe dann sicher weniger Leid, Krankheit und Not.

Wenn Sie mit den Gesetzen des Denkens und Glaubens vertraut zu sein glauben, sollten Sie zu einem Kranken gleichwohl nie sagen, sein Denken oder gar seine religiösen Überzeugungen seien falsch. Dadurch würden Sie den Zustand des Kranken nur verschlimmern. Erst wenn er wieder gesund ist, können Sie ihm die – auf christlicher Grundlage am besten erklärbaren – Gesetze des Denkens und Glaubens erläutern, vorausgesetzt er zeigt sich aufgeschlossen und aufnahmebereit. Versuchen Sie unter keinen Umständen, einem Menschen seinen religiösen Glauben zu nehmen.

Die religiösen Rituale, Zeremonien, Formulierungen und Gebote enthalten in der Regel universell gültige Wahrheiten, die allerdings meist unter einer Art von symbolischem Schleier verborgen sind. Sie können diese Wahrheiten bloßlegen, indem Sie hinter die symbolhafte Bedeutung blicken und den eigentlichen Sinn erforschen.

Die Wohltat sinnvollen Betens

Wie man sinnvoll arbeitet, kann man auch sinnvoll beten.

Vermeiden Sie beim Beten jede Anstrengung und jede krampfhafte Bemühung. Tatsächlich zeugt eine angespannte, verkrampfte Haltung nur davon, daß Sie das, was Sie bewußt bekräftigen, innerlich bezweifeln. Sie müssen zutiefst überzeugt sein, daß Sie über Ihr Unterbewußtsein Zugang und Anteil an der unendlichen Weisheit und Schöpferkraft Gottes haben, die jedes nur denkbare Problem für Sie zu lösen vermag.

Entspannen Sie sich darum, bevor Sie beten, körperlich und seelisch-geistig und denken Sie an die unumstößliche Wahrheit: Mit tiefer innerer Ruhe bewältige ich all meine Probleme. Auch wenn Sie einen Wunsch haben, ist innere Ruhe wichtig: Beten Sie ruhig und glauben Sie intensiv, daß die Ihrem Unterbewußtsein innewohnende unendliche Weisheit sich Ihres Wunsches in göttlicher Fügung annehmen wird.

Beten Sie also in einem ausgeglichenen Zustand körperlicher Entspannung und seelisch-geistiger Ruhe. Beten Sie, bis Sie innerlich zufrieden sind und fühlen, daß Sie im Augenblick nicht mehr tun können. Bestärken Sie in sich die Erwartung, daß Ihr Gebet erhört wird. Wenn Sie danach einen tiefen inneren Frieden in sich spüren, können Sie sicher sein, daß Ihr Gebet erhört wird.

Wenn Sie sich zum Beispiel enttäuscht und angeschlagen fühlen, dann vergegenwärtigen Sie sich, daß Sie in Gottes Allgegenwart eingebettet sind, daß der unendliche Strom des Lebens, der Liebe, der Wahrheit und der Schönheit Sie durchfließt und Ihr ganzes Wesen verwandelt. Fühlen Sie in sich den wunderbaren Zustand der Harmonie und unsäglichen Friedens. Identifizieren Sie sich mit dem Strom göttlicher Liebe. Dieses Gefühl des Einsseins mit Gott wird Sie körperlich und seelisch-geistig heilen und Ihnen neue Kraft geben. *Er erquicket meine Seele* (Psalm 23, 3).

Dr. Joseph Murphys Vermächtnis, Kapitel 6

DAS TÄGLICHE GEBET IN FREUDIGER ERWARTUNG DES BESTEN

Durch das nachfolgende Gebet, das Sie sich zur täglichen Gewohnheit machen sollten, schaffen Sie sich eine hervorragende Grundlage für eine wunderbare Zukunft.

»Ich weiß, daß ich mein Schicksal selbst gestalte. Mein Glaube an Gott ist mein Schicksal, und Gott ist der Inbegriff aller Wohltaten und aller guten Dinge. Ich lebe in freudiger Erwartung des Besten.

Ich weiß: Gutes kommt auf mich zu. Ich kenne die Ernte, die ich künftig einbringen werde, denn meine Gedanken an das Gute sind Gottes Gedanken. Gott ist der Inbegriff der Liebe und Güte, der Wahrheit und Schönheit. Ich säe jetzt Samen der Liebe und des Wohlwollens gegenüber allen Menschen, des Friedens und der Freude in den Garten meines Geistes, meiner Seele. Es ist Gottes Garten, und er wird reiche Früchte tragen.

Die Weisheit und die Schönheit Gottes werden in meinem Leben sichtbar zur Geltung kommen. Von diesem Augenblick an bringe ich Lebensfülle, Liebe und Wahrheit zum Ausdruck. Ich bin voll Freude und danke Gott für alle Wohltaten, die mir zuteil werden.«

KAPITEL 7

Die Entfaltung der Prinzipien
unendlicher Weisheit

Heute kann als erwiesene Tatsache gelten, daß der Mensch mit dem zunehmenden Gewahrwerden der ihm innewohnenden Weisheit immer weniger vom Geist der breiten Masse beherrscht wird und immer mehr Kraft zur Kontrolle seiner Lebensumstände erlangt. Wer sich der Gottesgegenwart in seiner Mitte bewußt wird, beginnt Unversehrtheit, Schönheit und Vollkommenheit als Lebensziel zu wählen. Ein Mensch, der meint, »erledigt« zu sein, hat schlicht vergessen oder weiß nicht, daß ihm die Gottesgegenwart innewohnt.

In der Bibel heißt es: ... *Die Füchse haben Gruben, und die Vögel unter dem Himmel haben Nester; aber des Menschen Sohn hat nichts, da er sein Haupt hinlege* (Matthäus 8, 20). Verstehen Sie unter des »Menschen Sohn« die Wahrheit. Diese ist im allgemeinen nicht sehr beliebt und findet keineswegs bereitwillig Aufnahme im Verstand und im Herzen der Menschen; sie kann dort nicht ihr »Haupt hinlegen«. Der vielbeschäftigte Mensch von heute hört nicht gern, wenn man ihm klarzumachen versucht, daß einzig er selbst sein Schicksal gestaltet und er allein verantwortlich ist für die Entscheidungen, die er auf dieser Erde trifft.

Ein Berufsspieler versucht seine Chips stets auf eine »absolut sichere Sache« zu setzen. Machen Sie es ihm nach.

Eine »absolut sichere Sache«, auf die Sie jederzeit setzen können, ist die Ihnen innewohnende Gottesgegenwart; es ist die unendliche Weisheit und Macht Gottes, an der Sie kraft Geistes teilhaben und die auf Ihren Anruf gemäß der Natur Ihrer Bitte reagiert.

Rufen Sie sich immer wieder ins Bewußtsein, über welch unermeßliche Kraft Sie verfügen. Begehen Sie nicht den Fehler, die Vergangenheit zu verherrlichen und »der guten alten Zeit« nachzutrauern. Solche kindische Nostalgie und morbide Selbstbemitleidung verhindern, daß Sie sich erfolgreich um Gesundheit, Harmonie und anderes für Sie Gutes bemühen.

Der Sonntag als Symbol der Erfüllung

Die Frage, ob Sonntagspredigten noch einen Sinn haben, könnte man mit dem Hinweis beantworten, daß wir seit Jahrtausenden die Zehn Gebote haben und daß die strikte Einhaltung dieser Gebote seitens der Menschen alle Lehrer und Prediger überflüssig machen würde. Doch die Massen wissen nicht, wie sie angesichts widersprüchlicher Umstände die Gesetze anwenden sollen, die in den knappen Worten der Zehn Gebote oder etwa auch des Vaterunsers, der Bergpredigt, der Paulusbriefe, der vier Evangelien und anderer Bibeltexte enthalten sind.

Es gibt bestimmte Gebetsverfahren und -techniken, die Sie sich aneignen müssen, um die unermeßlichen Möglichkeiten geistig-seelischer Entfaltung erkennen zu können. In den Zehn Geboten ist verfügt, daß Sie den Sabbat, also den Sonntag, heiligen sollen. Den kirchlichen Ruhetag entweihen Sie keineswegs, wenn Sie am Sonntag tanzen oder zum Angeln gehen, ein paar Nägel einschlagen oder an der Verschönerung Ihrer Wohnung arbeiten; zur Entweihung des Ruhetags gehört wirklich mehr als das.

Der eigentliche Sinn dieses Tages besteht weniger darin, daß Sie untätig sind, als vielmehr in einem geistigen Prozeß, der zu einem echten Verständnis einer höheren Wahrheit führen sollte. In Wirklichkeit steht der Sonntag für ein Gefühl des Glaubens, des festen Vertrauens und der unerschütterlichen Überzeugung, daß die Gottesgegenwart hier und jetzt, immerdar, in jeder Notsituation verfügbar ist und Angst und Besorgnis unangebracht sind.

Der Ruhetag soll Ihnen das innere Gefühl des Friedens und der Gewißheit geben, das Sie haben, wenn Sie Ihrem Unterbewußtsein Gedanken- und Gefühlsinhalte aufbauender Art eingeprägt haben. Das mag – symbolisch gesehen – am sechsten Tag geschehen sein. Sie haben Ihren Gedanken oder Wunsch in solche Liebe und Begeisterung gehüllt, daß er sich Ihrem tieferen Geist eingeprägt hat. Wenn dies geschehen ist, breitet sich in Ihnen eine Ruhe aus, in der Sie das, worum Sie gebetet haben, ruhig erwarten. Denn es kommt der Tag der Sichtbarwerdung des Ihrem Unterbewußtsein eingeprägten Wunsches, Sie erfahren es in Ihrem Leben – und das ist, symbolisch gesehen, der Ruhetag, der Sonntag, der Tag der Erfüllung.

Die Bibel sagt Ihnen, daß Sie alles empfangen, worum Sie voll Glauben bitten oder beten. *Und alles, was ihr bittet im Gebet, so ihr glaubet, werdet ihr's empfangen* (Matthäus 21, 22). *Wenn du könntest glauben! Alle Dinge sind möglich dem, der da glaubt* (Markus 9, 23). Die Wirkkraft Ihrer Gebete besteht darin zu glauben, daß das Erbetene in Ihrem Geist bereits vorhanden ist. Alles und jedes, was Sie erhalten oder erfahren, ist zunächst eine rein geistige Realität.

Wenn Sie im Geiste eine Erfindung mit sich herumtragen, von der niemand etwas weiß, ist diese gleichwohl eine Realität. Sie hat auf geistiger Ebene durchaus Form und Substanz; sie kann, obwohl sie vorläufig nur in Ihrem Gehirn existiert, sogar wahrgenommen werden. Sie ist eine Realität, und Sie besitzen sie bereits jetzt im Geiste. Wenn Sie Ihre Erfindung geistig vollkommen akzeptieren und an deren Nutzung und Verwertung glauben, sind Sie auch gewiß, daß die unendliche Weisheit, die Ihnen Ihre Idee eingab, Ihnen auch den perfekten Plan zur Realisierung Ihrer Erfindung offenbaren wird.

Alles existiert zuerst als Bild unserer Vorstellung, als geistige Realität. Dieses Wissen erleichtert Ihnen den Glauben, etwas Erwünschtes geistig vorwegzunehmen. Und es wird der Tag des Herrn, der »Sonntag« der Erfüllung, kommen, wie es uns das Johanneswort so klar verheißt: *Vater, ich danke dir, daß du mich erhört hast. Doch ich weiß, daß du mich allezeit hörst ...* (Johannes 11, 41–42).

»Der Herr wird für euch streiten ...«

Vertrauen Sie diesem Wort aus dem *Zweiten Buch Mose,* dann wird es Ihnen nie an Zuversicht mangeln.

Als die Kinder Israels vom ägyptischen Pharao verfolgt wurden, fürchteten sie sich sehr *und sprachen zu Mose: Waren nicht Gräber in Ägypten, daß du uns mußtest wegführen, daß wir in der Wüste sterben? Warum hast du uns das getan ...* (2. Mose 14, 11).

Sinnen wir der spirituellen Bedeutung dieser Bibelstelle nach, um ihren eigentlichen Sinn zu erschließen, so erkennen wir in »Ägypten« Dunkelheit, Elend, Eingeschränktheit. Was wir im Herzen wirklich glauben, läßt sich nicht beiseite räumen. Gefühle der Feindseligkeit, des Zorns oder Hasses kann man nicht zum Verschwinden bringen, indem man sie in »Gräber« legt, also begräbt oder verdrängt; sie schwären unterschwellig weiter und versklaven uns.

Dr. Joseph Murphys Vermächtnis, Kapitel 7　　　　127

Mit den »Gräbern in Ägypten« ist folglich ein Leben in Fesseln und Knechtschaft gemeint. Der Pharao steht für falsche Überzeugungen, Mose als Führer des Aufbruchs ins gelobte Land, wo Frieden, Harmonie und Fülle herrschen.

Seit Jahrtausenden leiden die Menschen unter Hungersnöten, dem Massenmord Krieg, unter Krankheiten und Seuchen. In unserem Jahrhundert gab es deswegen mehr Tote denn je zuvor in der Geschichte der Menschheit. Uns beherrscht und lenkt also immer noch der gleiche alte »Pharao«. Millionen harren der Erlösung.

Wir können uns aber nur erlösen, wenn wir in unserem Geist spirituelle Werte inthronisieren und endlich erkennen, daß die Allgegenwart Gottes, Inbegriff des unendlichen Geistes, wenn wir sie anrufen, uns durchströmt und uns in einen göttlichen Zustand des Friedens und der Harmonie, der Unversehrtheit und der freudigen Entfaltung unserer Fähigkeiten versetzt. In der Symbolsprache der Bibel heißt das, daß Ihr Glaube – Gott – Sie über das »Rote Meer« der Beunruhigungen und Schwierigkeiten führen, die »aufgewühlten Gewässer« Ihres Gefühlslebens besänftigen und Ihren Ideen verhelfen wird, »auf trockenen Boden« zu gelangen, also im Leben zur Geltung zu kommen.

Der »Pharao« – unsere Unkenntnis und Ignoranz der göttlichen Gegenwart – verfolgt uns ständig. Millionen Menschen haben falsche Vorstellungen von Gott. Was sie glauben, das fesselt sie. Wenn beispielsweise die Anhänger der Reinkarnationslehre glauben, daß man immer wieder zur Welt kommen müsse, um in aufeinanderfolgenden Lebenszyklen die Sünden und Fehler eines früheren Lebens zu sühnen, so geht das an Gottes Allgegenwart und Heilkraft vorbei.

Gott, der unendliche Geist, ist – das kann nicht oft genug hervorgehoben werden – zeit- und raumlos, allgegenwärtig, und Gott bestraft nicht; nur wir selbst bestrafen uns.

Wir müssen uns darum, wenn wir Fehler gemacht haben, verzeihen, wie Gott uns verzeiht, uns *allezeit* verzeiht. Sobald wir Gott an Zeit und Raum binden wollen, leben wir nicht mehr in der Wahrheit. ... *Heute wirst du mit mir im Paradiese sein* (Lukas 23, 43). Nicht morgen, sondern jetzt – heute. Gott ist das ewige Jetzt!

Indem Sie den Anfang ändern, ändern Sie auch das Ende. Ein Mensch kann sich in tiefer Ergriffenheit »innerhalb eines Augenzwinkerns« ändern, und die Vergangenheit ist dann vergessen, liegt ein für allemal hinter ihm. Selbst wenn er ein Dieb, ein Betrüger, ein Räuber gewesen ist, wenn er jetzt ehrlich und aufrichtig ist und ein neues Leben führt, ist er ein neuer Mensch, dem Gott verziehen hat. Er braucht genausowenig unter den Verfehlungen der Vergangenheit zu leiden wie jemand, der allerlei Rechenfehler machte, jetzt aber richtig rechnet und nicht mehr gegen die Prinzipien der Mathematik verstößt.

Im »Antlitz Gottes« wurde das Todesurteil nicht vollstreckt

Der aus den altindischen Religionen stammende Begriff des Karma – im Hinduismus als »Weg der Tat« – bezeichnet den durch jede gute oder böse Tat freigesetzten Vergeltungsprozeß, der nach buddhistischen Lehren als Folge früheren Handelns das Schicksal des reinkarnierten Menschen bestimmt. So – oder wie immer – bleibt in der Vergangenheit nur verhaftet, wer nicht betet, das heißt nicht über die Wahrheiten Gottes meditiert. Das bloße Nachsprechen von Gebeten, also unbeteiligtes, oberflächliches Beten, ändert natürlich nichts. Sie müssen danach »hungern und dürsten«, als neuer Mensch in der

Dr. Joseph Murphys Vermächtnis, Kapitel 7 129

Liebe und Gnade Gottes zu leben; Sie müssen den tiefen, aufrichtigen Wunsch haben, sich zu ändern, dann können Sie ein neuer Mensch werden. *Seine Gnade währet ewig und seine Wahrheit für und für* (Psalm 100, 5).

Emma Curtiss Hopkins schilderte in *Higher Mysticism* ein wunderbares Ereignis, das sich vor rund achtzig Jahren abspielte und in den Archiven einer amerikanischen Haftanstalt verzeichnet ist. Ein Mann wurde zum Tod durch den Strang verurteilt. In der Zeit zwischen der Urteilsverkündung und der Urteilsvollstreckung suchte er, so heißt es im Protokoll, »das Antlitz Gottes«, das heißt die Wahrheit über Gott.

Wenn Sie jemandem ins Antlitz schauen, erkennen Sie ihn. Antlitz ist folglich ein Symbol für die Erkenntnis, daß Gott Liebe ist und daß es keine Verurteilung gibt, weil Gott nicht urteilt oder verurteilt. *Denn der Vater richtet niemand; sondern alles Gericht hat er dem Sohn gegeben* (Johannes 5, 22). Der »Sohn« ist der Mensch.

Der Mörder, von dem Emma Curtiss Hopkins berichtet, hatte die Tat, wegen der er verurteilt worden war, erwiesenermaßen begangen und auch eingestanden. Im Zuge seiner Hinwendung zu Gott las er unter anderem, Gott sei »der Erlöser des schlechten Menschen«. Er akzeptierte dies als Wahrheit und glaubte im innersten Herzen, was er las. Der Hinrichtungstermin kam, und die Justizbeamten brachten den Mann zum Galgen. Zu ihrer großen Verblüffung wurde die Plattform, die normalerweise bei der geringsten Belastung kippte, in dem Moment fest, wo der Verurteilte darauftrat. Die Beamten versuchten mehrmals, ihn zu hängen, doch vergebens. Schließlich erhielt er, wie es früher bei mehrmals gescheiterten Vollstreckungsversuchen Usus war, seine Freiheit.

Seine gläubige, inbrünstige Identifizierung mit der Liebe und Güte Gottes hatte zu der wunderbaren Aufhebung von Ursache und Wirkung geführt. Dank seinem Glau-

130 *Die Entfaltung der Prinzipien unendlicher Weisheit*

ben war es einem ehemaligen Mörder gelungen, in einen Bereich einer neuen geistigen Dimension und Erfahrung aufzusteigen. Er hat an sich erfahren, daß die Wunder und Segnungen des Unendlichen grenzenlos sind. *Wenn du könntest glauben! Alle Dinge sind möglich dem, der da glaubt* (Markus 9, 23).

Er lernte, zurückgeworfen ins lebendige Wasser, fliegen

»Warum trinke ich?« Diese Frage stellte mir vor kurzem ein Wissenschaftler, der sich selbst als Alkoholiker bezeichnete. Immer wieder pflegte er plötzlich auszubrechen und ging dann für eine oder zwei Wochen auf »Sauftour«. »Wenn ich betrunken bin«, sagte er, »fühle ich mich einen Tag lang als der Größte. Aber wenn die Betäubung durch den Alkohol abklingt, bin ich trübsinnig und verzagt; Verzweiflung und Hoffnungslosigkeit packen mich dann.«

In dem Gespräch mit dem Mann erfuhr ich, daß er eine glänzende Ausbildung genossen hatte, aus guter Familie stammte und Forschungsberater eines großen pharmazeutischen Unternehmens war. Er erklärte: »Man lobt mich dort, aber ich bin des Lobes nicht wert. Im Innersten habe ich das Gefühl, schlecht zu sein, ein Niemand zu sein. Als ich jünger war, sagte mir mein Vater oft, ich sei dumm und würde nie etwas Rechtes werden; er kritisierte mich bei jeder Gelegenheit.«

Der Mann empfand tiefen Groll und Haß gegenüber seinem Vater, er litt an einem starken Minderwertigkeitskomplex und Unsicherheitsgefühl. Ihm war bewußt, daß Alkohol der »falsche Geist« ist, wie er sich ausdrückte, ein »Geist«, der nur für eine kurze Zeit Vergessen brachte, ihn aber in seinem Schuldgefühl noch bestärkte.

Dr. Joseph Murphys Vermächtnis, Kapitel 7

Er beschloß, sich dem wahren Geist zuzuwenden, Gott, dem ihm innewohnenden, lebendigen Geist, der ihm echte, aus tiefem Herzen kommende Heiterkeit bringen würde.

Ich gab ihm eine spirituelle Formel an, über die er nachdenken und regelmäßig meditieren sollte. Dazu sagte ich ihm, wenn er die Formel getreulich anwende, werde die Vorstellung von Frieden und Unversehrtheit in seinem Bewußtsein allmählich die Oberhand gewinnen, folglich sein Unterbewußtsein prägen und das tiefverwurzelte Gefühl der Minderwertigkeit, Unzulänglichkeit und Schuld auslöschen.

Jeden Morgen und jeden Abend schaute er von nun an in den Spiegel und sprach, Angesicht in Angesicht, langsam, voll Gefühl und Überzeugung sein Gebet: »Ich bin ein Sohn des lebendigen Gottes. Mich durchströmen Gottes Friede, Harmonie und Freude. Ich bin glücklich, heiter und frei. Ich werde von Gott erleuchtet. Gott liebt mich und sorgt für mich. Gott wirkt jetzt in meinem Leben Wunder.«

Er wiederholte das Gebet morgens und abends mehrere Male, bis er schließlich den Inhalt als wirklich und wahr empfand. Nach wenigen Monaten war er vollkommen frei von seiner Alkoholsucht. »Ich gehe jetzt jeden Samstag, anstatt zu trinken, fischen«, sagte er mir. »Die kleinen Fische werfe ich ins Wasser zurück. Hat nicht Gott mich ins lebendige Wasser zurückgeworfen und mich, als ich an Land kam, sogar fliegen gelehrt?«

Die Bibel sagt: *Ihr habt gesehen ... wie ich euch getragen habe auf Adlerflügeln, und habe euch zu mir gebracht* (2. Mose 19, 4). Der Adler steigt hoch auf, überfliegt Stürme, Taifune, Monsune; er schwebt in der Luft und betrachtet die Sonne. Der Adler ist der einzige Vogel, der sich über die Winde emporzuschwingen und in Ruhe die Sonne zu schauen vermag. Darum erkoren so viele Menschen ihn zum Symbol ihrer Familie, ihrer Stadt, ihres Landes. Er soll uns auch mahnen, in schwierigen Zeiten zu Gott aufzuschauen und um Frieden und Harmonie zu beten.

Wie dieser Wissenschaftler können auch Sie auf den Flügeln Ihrer Gedanken und Gefühle und überzeugten Glaubens sich über den Sturm in Ihrem Leben emporschwingen, Gott schauen und Freiheit und Seelenfrieden erlangen.

Wir urteilen vom höchsten Standpunkt aus

Eine geschiedene Frau zählte immer wieder die Abscheulichkeiten auf, die sich ihr Exmann hatte zuschulden kommen lassen, und nannte ihn »gemein, verachtenswert«. Lassen wir den Mann in Frieden. Es erhebt sich eine andere Frage: Wie kommt die Frau zu ihrem Urteil? Ralph Waldo Emerson sagte: Weil der »Überseele« eines jeden Menschen das vollkommen Schöne und Gute innewohnt.

Wir alle behaupten – und haben unrecht –, das menschliche Leben sei aus dem einen oder anderen Grund armselig. Aber wie gelangen wir zu dieser Ansicht? Was ist die Ursache dieses inneren Unbehagens, dieser nie endenden Unzufriedenheit des Menschen? Was – wenn es nicht die Seele ist, die ihren hohen Anspruch erhebt?

Haß erkennen Sie, weil Ihnen göttliche Liebe innewohnt und Ihnen sagt, daß es falsch ist zu hassen. Sie wissen, daß Stehlen ein Unrecht ist, weil Ihnen sittliche Unversehrtheit, Ehrlichkeit innewohnt. Ihnen ist klar, daß Sie sich selbst oder andere nicht herabsetzen sollen, weil etwas in Ihnen Sie daran gemahnt, daß Sie – wie jeder andere Mensch auch – ein Sohn oder eine Tochter des Unendlichen, ein Geschöpf Gottes, sind. Sie kennen die

Irrungen der Leidenschaften und Gefühle, denen Sie und andere Menschen unterliegen.

Doch wenn Sie die göttliche Gegenwart in Ihrem Inneren preisen und sich Ihrer gottgegebenen Würde sowie Ihres gottgegebenen Geburtsrechtes bewußt werden, können Sie die Gegensätze in Ihnen aussöhnen und zu innerem Gleichgewicht und Seelenfrieden finden. Sie verstehen immer besser, daß die Menschen so handeln, wie sie handeln, weil nämlich ihre von negativem Denken geweckten Gefühle sie dazu treiben. Dank Ihrem wachsenden Verständnis werden Sie toleranter und nehmen alle Ihre Erfahrungen mit immer größerem Gleichmut hin.

Die Grundlage einer neuen Selbsteinschätzung

Machen Sie sich daher bewußt, daß Ihnen der unendliche Geist innewohnt, und denken Sie immer daran. Preisen Sie an jedem Tag Ihres Lebens Gott in Ihrer Mitte. Beurteilen Sie sich von einem spirituellen Standpunkt aus, auf der Grundlage der Erkenntnis, daß Sie immense Fähigkeiten und Kräfte in sich tragen und diese nur darauf warten, von Ihnen erschlossen zu werden. *Rufe mich an, so will ich dir antworten und will dir anzeigen große und gewaltige Dinge, die du nicht weißt* (Jeremia 33, 3).

Hiob sagte: *Gerechtigkeit war mein Kleid, das ich anzog wie einen Rock; und mein Recht war mein fürstlicher Hut* (29, 14). »Gerechtigkeit« bedeutet hier, richtig zu denken, richtig zu fühlen, richtig zu handeln und sich richtig zu verhalten, also gemäß der goldenen Sittenregel und dem Gesetz der Liebe. Mit anderen Worten: Denken, sprechen und handeln Sie aus Ihrer göttlichen Mitte heraus, nicht aber aus der Beengtheit, die eine Folge von Angst, Unwissenheit und Aberglauben ist und die Ihnen von außen her aufgezwungen wird.

Mit »Recht« ist hier das gemeint, was man als Ihre persönliche, höchst »private« Rechtsprechung bezeichnen könnte. Sie ziehen ständig Schlußfolgerungen, fällen im Geiste ständig Urteile und scheiden Ihrer Ansicht nach Falsches von Wahrem.

Dank Ihrer neuen, von geistigen Realitäten ausgehenden Selbsteinschätzung wird Ihr Recht künftig darin bestehen, überall Frieden und Eintracht zu sehen, wo Uneinigkeit herrscht, Liebe und Freundlichkeit, wo Haß sich breitmacht, Freude und Heiterkeit, wo Trauer weinen macht, helles Licht, wo Finsternis bedrückt, und Leben, wo der sogenannte Tod auftritt. Sie werden dort, wo Krankheit und Unvollkommenheit sind, Lebenskraft und Unversehrtheit gewahren, und dort, wo Armut und Mangel beengen, alle Reichtümer Gottes.

Sie werden beginnen, Ihre Mitmenschen so zu sehen, wie sie eigentlich, nämlich von ihrer göttlichen Natur her, sein sollten: glücklich, froh und frei. Sie haben es in der Hand, jede Schwäche und Unzulänglichkeit, jeden Fehler und Irrtum, ja jedes Laster Ihrer Mitmenschen – und Ihre eigenen – durch die Vorstellung der Unversehrtheit und Vollkommenheit des gottgewollten Menschen zu überwinden. Vergegenwärtigen Sie sich immer wieder: *Um solcher Ursache willen erinnere ich dich, daß du erweckest die Gabe Gottes, die in dir ist . . . Denn Gott hat uns gegeben den Geist nicht der Furcht, sondern der Kraft und der Liebe . . .* (2. Timotheus 1, 6 und 7).

EIN WUNDERWIRKENDES DANKGEBET

Wenn Sie in freudiger Erwartung des Guten beten, dann sollten Sie nicht nur die Erfüllung Ihres Wunsches vorwegnehmen, sondern auch Gott, dem Inbegriff alles Guten, aus tiefstem Herzen danken. Ihr Dank nimmt jenes glückliche Vollbringen vorweg, zu dem Ihr Gottvertrauen Sie befähigt.

Jauchzet dem Herrn, alle Welt!

Dienet dem Herrn mit Freuden; kommt vor sein Angesicht mit Frohlocken!

Erkennet, daß der Herr Gott ist. Er hat uns gemacht – und nicht wir selbst – zu seinem Volk und zu Schafen seiner Weide.

Gehet zu seinen Toren ein mit Danken, zu seinen Vorhöfen mit Loben; danket ihm, lobet seinen Namen!

Denn der Herr ist freundlich, und seine Gnade währet ewig und seine Wahrheit für und für (Psalm 100).

KAPITEL 8

Die wunderbare Bedeutung
des Morgensterns

*Ich, Jesus, habe gesandt meinen Engel, solches euch zu be-
zeugen an die Gemeinden. Ich bin ... der helle Morgenstern* (Offenbarung 22, 16).

Der Name Jesus hat mehrere Bedeutungen, und eine
davon entspricht jener des Namens Josua: »Gott hilft.«
Das heißt, Gott ist der Befreier, Erlöser, der Retter. Gemeint sind damit auch Ihre Sehnsucht und Ihr Herzenswunsch. Ihr Verlangen nach Gesundheit, Frieden, echter
Selbstverwirklichung und einem erfüllten Leben ist der
Morgenstern, der die täglich neue Geburt der Sonne an-
kündigt, dieses Gestirns, das unsere Erde von Düsternis
und Dunkelheit befreit und unseren Erdenhimmel mit
seiner ganzen Pracht erleuchtet.

Ihr Verlangen nach den guten Dingen des Lebens kündigt schon die Ankunft des »Retters« an, der Sie aus Ihren Schwierigkeiten befreit, wie immer diese geartet sein
mögen. Ihr Verlangen ist gleichbedeutend mit der Liebe
Gottes, und Ihr Wunsch entspringt der Liebe des Lebens,
das sich durch Sie ausdrücken will. Samen, die Sie in der
Hand halten, verheißen Ihnen eine Ernte; doch zuvor
müssen Sie sie in den Nährboden dieser Erde einbetten.
Ihr Wunsch nach guten Dingen ist Gottes Verheißung in
Ihrem Herzen, daß Sie aufsteigen und zu dem werden
können, was Sie sein wollen.

Der Morgenstern ist Ihre innere Überzeugtheit von Ih-

rer Fähigkeit, alles zu vollbringen, was Sie sich vornehmen. Dieser Stern – Ihre Geisteshaltung – führt Sie und
zwingt Sie, Ihren innigen Herzenswunsch zu erfüllen und
in Ihrem Leben sichtbar zu machen.

Bekräftigen Sie mutig: »Gott gab mir mein Verlangen
ein. Es ist gut, ja sogar sehr gut. Der unendliche Geist,
von dem mein Verlangen und meine Idee kommen, wird
mir den vollendeten Plan zur Verwirklichung offenbaren.« Wenn Sie an diesen Wahrheiten getreulich festhalten, wird sich Ihr Wunsch erfüllen.

»Versiegle nicht die Worte der Weissagung!«

Und er spricht zu mir: »*Versiegle nicht die Worte der Weissagung in diesem Buch; denn die Zeit ist nahe! Wer böse
ist, der sei fernerhin böse, und wer unrein ist, der sei fernerhin unrein; aber wer fromm ist, der sei fernerhin fromm,
und wer heilig ist, der sei fernerhin heilig* (Offenbarung 22,
10–11).

Weil Ihnen geschieht, was Sie glauben, sind Sie Ihr
eigener Prophet. Ihr innigstes Empfinden, Ihr tiefster
Glaube, Ihre Vorstellungen und Erwartungen bestimmen, was Ihnen an Gutem wie an Schlechtem widerfahren wird. Wenn Sie für Ihre Zukunft planen, so tun Sie
das immer *jetzt*. Ihre Zukunft ist nichts anderes als die
Sichtbarwerdung dessen, was Sie jetzt denken, glauben,
fühlen.

Alles, mit dem Sie sich geistig und gefühlsmäßig einverstanden erklären, verbünden und identifizieren, ist
eine Prophezeiung dessen, was für Sie kommen wird.

Seien Sie der Prophet göttlicher Verheißung und somit
ein Erwecker des Guten. Erwarten Sie Glück, dann wird
Ihnen Glück beschieden sein. Künder des Unglücks sind
Menschen, die Äußerlichkeiten, andere Menschen und

den Durchschnittsgeist der Massen für mächtig halten; sie sind die geistigen Waisenkinder dieses Lebens. Wenn Sie in Ihrem Leben etwas ändern wollen, müssen Sie zunächst sich selbst ändern; erst dann wird sich Ihre »Welt« ändern. Es ist falsch, wenn die Menschen immer versuchen, ihre Mitmenschen zu ändern anstatt sich selbst.

Gestehen Sie Ihren Verwandten, Freunden und Bekannten das Recht zu, anders zu sein als Sie. Sie haben das Recht, ihre eigenen Überzeugungen und persönlichen Neigungen zu haben. Sie haben das Recht, anderen Religionen anzugehören als Sie. Seien Sie froh, daß es Katholiken, Protestanten, Juden, Buddhisten, Mohammedaner und Anhänger so vieler anderer Konfessionen gibt. Das »macht des Menschen Herz weit«, wie Ralph Waldo Emerson sagte. Handelt jemand in Ihren Augen unrecht, darf dies kein Grund für Sie sein, es auch zu tun. Sie sind hier auf Erden, um Ihr Licht vor Ihren Mitmenschen leuchten zu lassen und ihnen in Wort und Tat ein Beispiel zu geben, das der Nachahmung wert ist.

Versuchen Sie täglich, gegenüber anderen Menschen etwas von dem, was Gottes Liebe und Güte ist, auszustrahlen. Kümmern Sie sich nicht darum, ob die anderen das gleiche tun oder nicht. Sie sind für die anderen nicht verantwortlich.

Wenn einer Ihrer Bekannten seine Frau betrügt, tragen nicht Sie die Verantwortung dafür. Sie sind einzig für die Art Ihres Denkens über Ihren Bekannten und dessen Frau verantwortlich. Weil Ihr Denken schöpferisch ist, werden Sie die beiden segnen, denn Sie wissen, daß das Licht Gottes auch in Ihren Bekannten leuchtet. Wenn ein politischer oder religiöser Fanatiker einen vermeintlichen Gegner ermordet, so liegt es nicht an Ihnen, Haß- oder Schuldgefühle zu haben. Hüten Sie sich davor. Sie wissen: Der Herrlichkeit des Menschen sind keine Grenzen gesetzt!

Jede äußere Änderung, die Sie herbeiführen wollen, muß zuerst in Ihrem Geist stattfinden. Ändern Sie sich kraft Ihres Denkens und Glaubens, dann werden Sie erleben, daß Ihre »Welt« wie durch Zauber zu dem Bild und Gleichnis Ihrer Vorstellungen wird. Identifizieren Sie sich mit dem Schönen, dem Guten, und Sie werden bald nicht mehr anfällig sein, das Häßliche zu beklagen oder zu bekämpfen. Weil Sie ganz auf das Gute und Schöne eingestimmt sind, kann Ihnen die Wahrnehmung oder Erfahrung des Häßlichen im Leben nichts mehr anhaben. Aufgrund einer solchen Haltung erkennen Sie das Göttliche in allen Menschen, das über alle rassischen und religiösen, nationalen und ideologischen Vorurteile hinausgeht.

Ich bezeuge allen, die da hören die Worte der Weissagung in diesem Buch: So jemand dazusetzt, so wird Gott zusetzen auf ihn die Plagen, die in diesem Buch geschrieben stehen. Und so jemand davontut von den Worten des Buchs dieser Weissagung, so wird Gott abtun sein Teil vom Holz des Lebens und von der heiligen Stadt, davon in diesem Buch geschrieben ist (Offenbarung 22, 18–19).

Es wäre in höchstem Maße verfehlt, diese Bibelverse wörtlich aufzufassen. Sie müssen vielmehr in ihrem übertragenen, allegorischen, bildlichen Sinn verstanden werden. Bedenken Sie, daß die Bibel gar nicht in unserer Sprache verfaßt wurde und daß sich bei der Übersetzung schon einmal zwangsläufig Fehler einschlichen; es wurden aber auch bewußte Interpolationen, also gewollte Veränderungen des Textes, vorgenommen. Interessanterweise wird in den beiden vorzitierten Versen auf solchen literarischen Wandalismus hingewiesen, der allerdings allgemein üblich war, als die einzelnen Bücher der Bibel entstanden.

Wie alle Bücher damals wurden auch jene der Bibel auf Pergament-Schriftrollen geschrieben. Religiöse und politische Fanatiker sowie andere skrupellose Menschen tilgten oft ganze Passagen und ersetzten sie durch gewollte Fälschungen. Es ist bekannt, daß die Briefe des Apostels Paulus und weitere Teile des *Neuen Testaments* auf solche Weise verstümmelt beziehungsweise verfälscht wurden, aber Bibelwissenschaftler, Philologen und andere Forschungsspezialisten haben ziemlich genau ermitteln können, um welche Stellen es sich handelt.

Außer Zweifel steht, daß in den Inhalt des prophetischen Buchs der Offenbarung des Johannes nicht eingegriffen wurde. Das unterblieb aus einem einfachen Grund: Die Texte wurden wörtlich aufgefaßt, und man erkannte nicht, daß deren verborgener Sinn die eigentliche Botschaft enthält. Die Fachleute sind sich darüber einig, daß die Offenbarung durch die Jahrhunderte unverfälscht erhalten blieb, weil die Menschen Angst vor dem »Fluch« hatten, den eine Veränderung des Textes nach ihrem Glauben ausgelöst hätte.

Der wörtliche Text, der von einem solchen Fluch spricht, ist jedoch nur eine äußere Hülle, unter der sich etwas völlig anderes verbirgt.

Der tiefe Sinn des Wortes

Ihr Wort ist Ihr Gedanke, Ihre Idee, Ihr formulierter Wunsch. Gleich einem Samen findet Ihr Wort auf seine spezifische Art sichtbaren Ausdruck. Ihr Wunsch ist eine Prophezeiung, eine Voraussage des Kommenden, genau wie ein Same eine Verheißung kommender Ernte ist. Ihr Wunsch nach Gesundheit, Frieden, echter Selbstverwirklichung, Glück und Wohlergehen ist die Stimme der Ihnen innewohnenden göttlichen Gegenwart, die Ihnen sagt, daß Sie alles erlangen können, was Sie sich wünschen ... *Gott, der uns dargibt reichlich, allerlei zu genie-*

ßen (1. Timotheus 6, 17). Wir sollen dem Wort Gottes nichts dazusetzen. Doch tun wir das nicht ständig? So betet beispielsweise jemand um Wohlergehen und Glück und bekräftigt, daß Gott seine Versorgungsquelle ist und Gottes Reichtümer jetzt in sein Leben strömen; ein paar Minuten später aber fragt sich dieser Mensch, wie, wann, wo und in welcher Form »die Quelle zu sprudeln« beginnen wird. Er vertraut der göttlichen Quelle der Kraft nicht und versucht statt dessen gleichsam, Gott zu »helfen«.

Der Mensch muß begreifen und akzeptieren, daß die Wege des unendlichen Geistes unerforschlich sind und daß die unendliche Gottesgegenwart über zahllose Kanäle verfügt. Unsere Gebete können auf unzählig viele Arten erfüllt werden – in einer Weise, von der wir keine Ahnung haben, und zu einer Stunde, in der wir es überhaupt nicht erwarten.

Vor kurzem sprach ich mit einem Mann, der, wie er selbst sagte, ständig zu Gott »um Wohlstand und um bessere Zeiten« betete, zugleich aber auf seinen Arbeitgeber zutiefst böse war, weil dieser ihm keine Gehaltserhöhung gab. Der Mann glaubte im Grunde seines Herzens nicht, was er bekräftigte. Tatsächlich betete er »mit dem Kopf« und widerrief »im Herzen«, was er bekräftigte; kein Wunder, daß er, solcherart auf der Stelle tretend, nirgends hinkam. Er war, wie Shakespeare sagte, »von des Gedankens Blässe angekränkelt«, weil der Wunsch nicht im Herzen verwurzelt war.

Sie müssen im Hinblick auf Ihren Wunsch zu einem klaren Entschluß kommen und zutiefst überzeugt sein, daß Gott, der unendliche Geist, die Quelle all unserer Wohltaten ist. Sie müssen »im innersten Herzen« glauben, daß der unendliche Geist alles bewirkt, was Sie geistig als wahr ansehen, was Sie als innere Gewißheit vorwegnehmen.

Setzen Sie »dem Wort nicht dazu«

Das schöpferische Prinzip, Gott also, kann für uns auf die gleiche Weise Gutes bewirken, wie es auf unserem Kopf Haar wachsen läßt, ein Kind oder einen Grashalm erschafft.

Wenn ein Mann befördert werden möchte, so ist sein Wunsch gut, ja sogar sehr gut, denn Leben heißt wachsen. Sein Verlangen, voranzukommen und sich weiterzuentwickeln, ist der Drang des Göttlichen in ihm, das ihm gebietet, aufzusteigen und sich auf stets höherer Ebene zu verwirklichen.

Der Mann ist aber weit davon entfernt; er schaut sich an seinem Arbeitsplatz um und denkt: Dieser Kerl muß ja bald einmal aus der Firma ausscheiden oder das Zeitliche segnen, und dann kriege ich seinen Posten. Der Wunsch voranzukommen ist gut, doch der Mann beschmutzt ihn durch die Art seines Denkens. Er müßte wissen, daß Gott hundert gleichwertige oder noch viel bessere Posten zur Verfügung hat!

Sie brauchen keinem Lebewesen ein Haar zu krümmen, um voranzukommen und Erfolg zu haben. Sie brauchen niemanden zugrundezurichten oder zu verletzen, um Ihr Lebensziel zu erreichen.

Wer so etwas tut, würde dem Wort *dazusetzen,* und dann würde *Gott zusetzen auf ihn die Plagen, die in diesem Buch geschrieben stehen.* Wenn Sie einen anderen Menschen verletzen, verletzen Sie immer auch sich selbst. Wenn Sie die Gesetze des Denkens und Glaubens in negativem Sinn anwenden, kann sich für Sie nur Negatives ergeben: Enttäuschungen, Krankheit, Mangel und Eingeschränktheit.

Hingegen kommt das Gute, das Sie tun, folgerichtig auf vielen Wegen zu Ihnen zurück, von denen Sie nichts ahnen.

Hüten Sie sich, »von dem Wort davonzutun«

Von dem Wort oder Ihrem Herzenswunsch tun Sie davon, wenn Sie sagen: »Ich kann das nie werden!« oder: »Ich kann mein Ziel nicht erreichen.« Mit solchen Reden verleugnen Sie die Gegenwart und Macht Gottes, denn Sie behaupten, ohne es auszusprechen, daß Gott sein Versprechen nicht zu halten vermag.

Unlängst sagte ein Mann zu mir, sein Sohn leide an einer unheilbaren Blutkrankheit. Ich wies den Mann darauf hin, daß er in Wirklichkeit behaupte, Gott könne den Jungen nicht heilen. Er war so entsetzt über sich selbst, daß er eine geistige Kehrtwendung machte und sogleich zu bekräftigen begann, die unendliche Heilgegenwart, von der sein Sohn erschaffen wurde, könne ihn auch wiederherstellen und ihn zu neuer Gesundheit und Kraft führen. Zum Erstaunen der Ärzte begann sich der Zustand des Jungen zu bessern, und heute ist er von der schweren Krankheit geheilt.

In diesem Zusammenhang ist auch ein anderer Fall erwähnenswert: Ein Mann fragte mich wegen seines Sohnes um Rat. Der Junge wollte unbedingt Medizin studieren, doch er habe ihm gesagt, dafür reiche das Geld nicht. Der Sohn sei zutiefst deprimiert. Er habe kürzlich in seinem, des Vaters, Drugstore den Limonadeausschank übernommen, scheine aber zutiefst unglücklich.

Ich sagte zu dem Mann, der sich als gläubiger Katholik erklärt hatte: »Ihren Worten zufolge kann Gott Ihrem Sohn den Weg zum Arztberuf nicht ebnen; darum beschäftigen Sie doch den Jungen in Ihrem Laden, nicht wahr?« Er zuckte die Schultern. »Nun«, erklärte ich ihm, »eine solche Geisteshaltung schädigt das ›Holz des Lebens‹, denn sie widersetzt sich einem tiefen Herzenswunsch und muß als Folge davon zu Trübsal und Leid führen.«

Dr. Joseph Murphys Vermächtnis, Kapitel 8

Der Vater war einfühlsam genug, seine Einstellung zu ändern. Er betete jeden Abend vor dem Einschlafen und mehrmals tagsüber um eine Lösung. Er stellte sich seinen Sohn vor, wie er ihm nach dem bestandenen Staatsexamen das Zeugnis zeigte. Dieses Bild beschwor der Mann immer wieder in sich herauf; außerdem betete er regelmäßig um göttliche Führung und rechtes Tun.

Seit mir dieser Vater all das versichert hat, sind Jahre vergangen. Ich habe ihn nie wiedergesehen, wohl aber den Jungen. Er hat vor kurzem eine gute Bekannte wegen einer Fußverstauchung behandelt – er ist Arzt. Wahrlich: Gottes Wege sind unerforschlich!

Heller als das Licht aller Sonnen und Sterne

Wenn Sie sagen: »Ich bin«, sprechen Sie von der Ihnen innewohnenden Gottesgegenwart, dem allmächtigen lebendigen Geist, der unversiegbaren Quelle Ihrer Kraft. Diese Erkenntnis versinnbildlicht der Morgenstern im biblischen Sinn.

Die Bibel benutzt Metaphern und eine bildliche Symbolsprache, um Ihnen die Kräfte zu veranschaulichen, die Sie in sich tragen. Den Morgenstern lassen Sie in sich aufgehen, wenn Sie erfassen, daß Ihnen Gott innewohnt; sein Licht ist heller als das aller Sonnen, aller Sterne. Sehen Sie es?

Eine Frau, die in meiner Nähe wohnt, erzählte mir eines Tages, sie habe die finsterste Nacht ihres Lebens hinter sich, denn am Vortag habe man ihr eröffnet, daß sie an Krebs leide und nicht operiert werden könne, weil sich bereits zu viele Metastasen gebildet hätten. In ihrer Verzweiflung hatte sie während der Nacht ununterbrochen laut gerufen: »Das Licht Gottes scheint in meinem ganzen Wesen.« Gegen Morgen war sie erschöpft in tiefen Schlaf gesunken; da war ihr im Traum die Gestalt eines Engels erschienen und hatte zu ihr gesagt: »Siehe den Morgenstern. Du bist geheilt.«

Für die Frau stand fest, daß dies eine Offenbarung Gottes, des unendlichen Geistes, war, und intuitiv wußte sie, daß sie geheilt war. Ihr Arzt bestätigte ein paar Tage später die Heilung; er bezeichnete diese als »spontane Remission«.

Die Frau hatte sich voll Glauben und Vertrauen an das Gotteslicht gewandt und hatte in ihrem Inneren den Morgenstern entdeckt, der ihr eine neue Morgendämmerung in ihrem Leben ankündigte.

Gott erschuf den Morgenstern, alle Sterne, das ganze Universum. Sehen Sie in Gottes Sternen die Sterne der Wahrheit, das göttliche Licht der Liebe und der Weisheit. Diese Sterne erleuchten auch den Himmel Ihres Geistes und bringen Ihnen Gesundheit und Frieden, Ausgeglichenheit und Heiterkeit.

Mit dem Morgenstern oder dem Licht in Ihrem Inneren ist Ihr bewußtes Erfassen der Ihnen innewohnenden Gegenwart und Macht Gottes gemeint, die Sie hier und jetzt in Ihrem Leben sichtbar zum Ausdruck bringen können. Sie brauchen sich nur an Ihre eigene Mitte zu wenden und immer wieder zu bekräftigen, daß alles, was auf Gott zutrifft, auch auf Sie zutrifft. Wenn Sie sich solches Beten zur Gewohnheit machen, werden die vergegenwärtigten Wahrheiten den »Himmel« Ihres Geistes erleuchten und auf dem »Erdboden« Ihres Daseins Wunder wirken.

Eine Mörderin hörte auf, sich zu verurteilen

Vor einiger Zeit beriet ich eine Frau, die erst seit kurzem verheiratet war. Sie hatte vor Jahren in einem anderen

Dr. Joseph Murphys Vermächtnis, Kapitel 8

Staat der USA einen Mord begangen, der als »Affektmord« seinerzeit von der amerikanischen Presse groß erörtert worden war; trotz strafmildernder Gründe war sie zu mehreren Jahren Gefängnis verurteilt worden. Die Frau war noch immer voller Schuldgefühle; sie verurteilte sich aufs heftigste. Außerdem hatte sie große Angst, wegen ihrer Vergangenheit bloßgestellt zu werden, zumal ihr Mann Akademiker war und, wie man so sagt, in besten Kreisen verkehrte.

Ich erklärte der Frau, daß sie als erstes aufhören müsse, sich für das begangene Unrecht zu verurteilen. Wenn Angst oder Schuld sie bedränge, solle sie sich sofort sagen: »Ich bin eine Tochter Gottes. Gott liebt mich und sorgt für mich.«

Wenn sie dies konsequent tue, sagte ich, werde der Tag kommen, an dem sie die Wohltat vollkommenen Seelenfriedens kennenlerne. Ich riet ihr, Schuldgefühle nicht zu leugnen oder zu bekämpfen, sondern sie einfach durch gottgefällige Gedanken zu ersetzen, die nach einer Zeitlang in ihr Unterbewußtsein sinken und es umprägen würden. Nachdem dies geschehen sei, könne sie sogar an den Schauplatz des Dramas zurückkehren, und dort werde niemand mehr sie schmähen, ihr Vorwürfe machen oder über sie klatschen.

»Der Grund dafür ist«, sagte ich, »sehr einfach: Wenn Sie aufhören, sich Vorwürfe zu machen, hören auch die anderen auf, Ihnen Vorwürfe zu machen und Sie herabzuwürdigen.«

In der Frau dämmerte die Erkenntnis auf, daß ihr wirkliches Ich Gott war und daß ihr falsches oder, wie die Psychologen sagen, ihr falschkonditioniertes Ich seinerzeit das Verbrechen begangen hatte. Natürlich war sie für die Tat verantwortlich, und sie hatte als Strafe dafür ja auch viele Jahre im Gefängnis zubringen müssen. Das Entscheidende ist jedoch, daß für sie heute, da sie ein gottgefälliges Leben zu führen versuchte, keinerlei Anlaß mehr bestand, sich weiterhin mit Selbstvorwürfen geistig zu quälen.

Gott bestraft, wie gesagt, niemals; wir selbst bestrafen uns, indem wir gegen das oberste Gesetz Gottes, den Geist grenzenloser Liebe und vollkommener Vergebung, verstoßen. Die Frau machte sich diese einfachen Wahrheiten durch ihr tägliches Gebet zu eigen. Sie ist heute von ihrer belastenden Vergangenheit befreit.

Menschenkinder, Gotteskinder

Wenn wir von den Idealen vollkommener Vergebung und göttlicher Liebe erfüllt sind, verschwinden alle unangenehmen, ärgerlichen Beiläufigkeiten des Lebens; sie werden belanglos und geraten in Vergessenheit. Unser Geist, unsere Seele, sie werden buchstäblich durchtränkt von der Herrlichkeit unversehrten göttlichen Gefühls; alle Einschränkungen und Beengungen lösen sich in nichts auf. Diese glückliche Stimmung erhebt uns und bringt uns in Berührung mit dem universellen Geist Gottes.

Weil Neid, Eifersucht, Haß, Rachsucht und andere einengende Fehlhaltungen, die uns ans Rad großen Leides und der damit verbundenen Schmerzen binden, aus unserem Bewußtsein gelöscht und in der Freude der durchlebten Wahrheit anderer, erhebender Erfahrung vollkommen vergessen werden, sind wir – für gewöhnlich »bloß« Menschenkinder, wir dieselben – auf einmal »Kinder Gottes«. Wir gehen sanft ein in die Gültigkeit des Daseins universeller Realität.

Ständige Meditation – zu Hause, in der freien Natur oder wo immer Sie sind – läßt Ihre Seele erschauern und die Flügel des Geistes wachsen, daß Sie, von göttlicher

Harmonie angerührt, von einem pulsierenden Gefühl immenser Vitalität und Kraft erfaßt werden. Es ist, als werde die Melodie Gottes auf den Saiten Ihres Herzens gespielt.

Meditieren Sie über die tiefe Wahrheit, die Sie zutiefst betrifft: *Meine Lieben, wir sind nun Gottes Kinder; und es ist noch nicht erschienen, was wir sein werden. Wir wissen aber, wenn es erscheinen wird, daß wir ihm gleich sein werden; denn wir werden ihn sehen, wie er ist* (1. Johannes 3, 2).

EIN GEBET UM INNEREN REICHTUM

Sprechen Sie täglich voll Glauben und Vertrauen das nachstehende Gebet, durch das Sie den inneren Reichtum entdecken, der Sie zu Wohlergehen und Erfolg führt.

»Ich präge mir jetzt Bilder von Wohlergehen und Erfolg ein. Zugleich identifiziere ich mich mit der unendlichen göttlichen Gegenwart in mir und höre auf die ruhige, leise Stimme Gottes. Diese innere Stimme führt mich, sie lenkt mein ganzes Tun. Ich bin eins mit der Fülle Gottes. Ich glaube fest, daß es neue, bessere Wege für die Verwirklichung meiner Vorstellungen gibt, da die meinem Unterbewußtsein innewohnende, unendliche Weisheit mir diese neuen Wege offenbart.

Ich wachse an Verständnis und Weisheit. Meine Unternehmungen sind Gottes Unternehmungen. Ich gedeihe und entwickle mich in jeder Weise. Die mir innewohnende unendliche Weisheit Gottes offenbart mir die Mittel, mit deren Hilfe ich erreiche, was ich mir bildhaft vorgestellt habe. Ich bin zutiefst überzeugt, daß ich das erreiche. Ich sehe, wie sich die Türen zu Erfolg und Wohlergehen vor mir öffnen, und freue mich. Ich weiß, daß Geist von seinem Geiste alles, was mich betrifft, vollkommen werden läßt. Ich bin ein Kind des lebendigen Gottes.«

KAPITEL 9

Die Überwindung der Einsamkeit

»Wenn du einen Freund haben willst, dann sei ein Freund«, sagte Ralph Waldo Emerson. Wie Sie sicher wissen, gibt es nicht nur in der Dingwelt der Materie, sondern auch unter Menschen das Phänomen der Anziehung. Aber wie zieht man einen Menschen an? Der vorstehend zitierte Leitsatz Emersons nimmt die Antwort vorweg. Doch sie bedarf auch einer Erklärung, die der große Transzendentalphilosoph zu geben nicht versäumt hat; sie folgt später.

Wie das Gesetz der Anziehung wirksam wird

Eine junge Frau, die aus Texas nach Kalifornien gekommen war, erhielt eine gute und ausbaufähige Stellung in Los Angeles; doch sie fand an ihrem neuen Arbeitsplatz keinen Anschluß. Sie hatte keine Freunde und fühlte sich sehr einsam. Sie sagte mir: »Niemand beachtet mich. Ich kann mich doch nicht auf den Kopf stellen, daß man mich bemerkt!«

Ich erklärte ihr, daß ihr Unterbewußtsein alles, was sie denke und fühle, wörtlich nehme und dementsprechend reagiere. Darum solle sie, so sagte ich, sofort anfangen, sich die Beziehungen, die sie sich erwünsche, vorzustellen, es gebe ja ohne Zweifel unzählige Freunde, männliche wie weibliche, die sie gern kennenlernen würden. Ich gab ihr ein Gebet, das wie folgt lautete: »Die Weisheit des unendlichen Geistes weist mir jetzt den Weg, auf dem ich Menschen anzuziehen vermag, die spirituell ausgerichtet sind und vollkommen mit mir harmonieren. Ich strahle gegenüber den Frauen und Männern, mit denen ich im Büro zu tun habe, sowie gegenüber allen anderen Menschen Frieden, Freude und Freundlichkeit aus. Ich danke Gott für die Freude, die ein erhörtes Gebet beschert.«

Die junge Frau wiederholte das Gebet regelmäßig; sie wußte, daß das von ihr Erbetene durch ständige Wiederholung, unbeirrbaren Glauben und freudige Erwartung zur inneren Gewißheit werden und ihr ganzes Wesen verändern würde.

Dies geschah auch tatsächlich. Ihr freundliches Wesen bewirkte, daß die Menschen ihrer Umgebung ihr immer zutraulicher begegneten. Eines Tages kam sie bei einer gemeinsamen Kaffeepause mit einer Kollegin ins Gespräch, die sie spontan zu einem Kammermusikabend einlud, der in geschlossenem Kreis stattfand. Dort lernte sie eine ganze Reihe interessanter Menschen kennen. Mit einem der Besucher führte sie ein längeres Gespräch; der Abend war der Beginn einer aufrichtigen Freundschaft und, bald dann auch, einer großen Liebe.

Heute ist sie mit dem Mann verheiratet. Sie erfuhr an sich, wie das Gesetz der Anziehung wirksam wird, und ist jetzt sehr glücklich.

Einer Waise wurde echte Freundschaft zuteil

Vor kurzem hielt ich einen Gedenkgottesdienst für eine Frau ab, die in einem Altersheim gestorben war. Dem Vernehmen nach war sie einmal sehr reich gewesen, hatte dann aber fast alles verloren. Ihre Angehörigen hatten sie nie besucht: Sie »glänzten« auch jetzt durch Abwesenheit. An dem Gedenkgottesdienst nahm tatsächlich nur ein

Dr. Joseph Murphys Vermächtnis, Kapitel 9

einziger Mensch teil, eine junge Frau, mit der ich anschließend ins Gespräch kam. Sie erzählte mir, daß die Verstorbene überaus gut zu ihr gewesen war. Sie habe sich nach dem Tod ihrer Eltern, die bei einem Autounfall ums Leben gekommen waren, völlig verlassen gefühlt und schwerst unter ihrer Einsamkeit gelitten. Da habe die alte Dame ihr Arbeit gegeben, ein Auto für sie gekauft und sie auf die Volkshochschule geschickt, alles auf eigene Kosten. Die junge Frau sagte: »Verzeihen Sie die Leere hier. Ich wollte nur unbedingt mit diesem Gedenkgottesdienst die beste Freundin ehren, die ich je hatte. Sie war eine warmherzige, zutiefst gütige Frau. Sie hat mich auch beten und von neuem an das Leben zu glauben gelehrt.«

Die alte Dame hatte der Waise alle Wohltaten echter Freundschaft erwiesen. Ganz offensichtlich war die Verstorbene großzügig und trotz ihrer eigenen Vereinsamung aufgeschlossen und mitfühlend gewesen. Im Unterschied zu ihr sind ja einsame Menschen meist in sich gekehrt und fristen, geistig und emotional in ihre Einsamkeit eingehüllt, in der Regel ein trauriges Dasein.

Bedenken Sie, daß Sie einerseits in einer geistigen und andererseits in einer materiellen Welt leben. Sie müssen lernen, die beiden Realitäten ins Gleichgewicht zu bringen, um Glück und Erfüllung erfahren zu können. Der flugbegeistertste Vogel hält sich auch nur begrenzte Zeit in der Luft auf, dann muß er zurück auf die Erde, um Nahrung zu suchen und für Nachwuchs zu sorgen; er führt ein ausgewogenes Leben, das seiner eigenen Natur und der seiner Umwelt entspricht.

Es ist Ihre Aufgabe auf Erden, sich zu verwirklichen und der materiellen Welt, Ihrer Umwelt, alles, was die Ihnen eigenen Gottesgaben ermöglichen, zu geben. Dazu gehört auch, liebenswürdig, freundlich und hilfsbereit gegenüber den Mitmenschen zu sein. Die ganze Natur strebt in göttlicher Ordnung nach Ausgeglichenheit. Ein ausgeglichenes Leben wird Ihnen aber nur zuteil, wenn Sie die Gottesideen des Friedens und der Liebe zum Ausdruck bringen. Sie allein bewahren Sie auch vor Einsamkeit.

Ein »Saboteur am Leben« begann zu beten

Ein verzweifelter Mann suchte bei mir Rat. Er hatte seine gute Stellung verloren, seine zweite Frau hatte ihn verlassen und die Scheidung eingereicht. Er fühlte sich einsam, war deprimiert, verbittert, ganz mit sich und seinen Schwierigkeiten beschäftigt.

Von allem sah er nur die düstere, verhängnisvolle Seite: »Das Land geht vor die Hunde! Sämtliche Politiker sind doch einfach Gauner! Unser Geld wird, Sie werden es erleben, bald nichts mehr wert sein! Die Weiber von heute taugen nichts mehr, sie wollen doch immer nur Geld und treiben es, wie sie wollen!« Diesem Ausbruch fügte er eher kleinlaut hinzu: »Ich kriege nie eine echte Chance! Und immer bin ich der erste, wenn jemand entlassen wird. Ich bin eben vom Pech verfolgt. Mein Gesundheitszustand ist mies. Auch ersticke ich fast in meinen Schulden – ach, diese Weiber!«

Ich fragte ihn, aus welchem Grund seine Frau die Scheidung wünsche. Er antwortete, sie habe gesagt, er sei zerstörerisch, »ein Saboteur am Leben« – was immer sie damit meine – und das halte sie nicht mehr aus. In einem ausführlichen Gespräch machte ich dem Mann klar, daß er bei seiner Geistes- und Gefühlshaltung weder Wohlstand noch Gesundheit, noch Glück und Seelenfrieden erlangen konnte, daß er selbst sein ärgster Feind war.

In seinem Fall brachte, wie es oft geschieht, die Erklärung schon fast die Heilung. Der Mann begriff, daß er infolge all der destruktiven Selbstsuggestionen, die sein Unterbewußtsein jahrelang geprägt hatten, seine Schwierigkeiten und Verluste selbst über sich gebracht hatte. Ein Bibelvers veranschaulicht uns dies: *Bei den Reinen bist du rein, und bei den Verkehrten bist du verkehrt* (Psalm 18, 27).

Gemäß den unwandelbaren Gesetzen des Denkens und Glaubens findet alles, was dem Unterbewußtsein eingeprägt wird, ob gut oder schlecht, seine objektive Entsprechung. Naturgesetze kennen keine Ausnahme.

Der Mann betete von nun an regelmäßig. Ich hatte große Freude zu sehen, wie sich die Haltung dieses einstigen »Berserkers« änderte – wodurch sich bald auch sein ganzes Leben und seine Beziehungen zu anderen Menschen änderten. Das Gebet, das diese Wandlung herbeiführte, lautete:

»Heute ist der Tag Gottes. Ich wähle Gesundheit und Glück, Erfolg und Seelenfrieden. Den ganzen Tag über wird mir göttliche Führung zuteil, und alles, was ich unternehme, gelingt mir. Wenn meine Aufmerksamkeit von der Vergegenwärtigung des Schönen und Guten abwandert, lenke ich sie sofort auf die Betrachtung Gottes und seiner Liebe zurück, in dem Wissen, daß Gott für mich sorgt. Ich bin ein spiritueller Magnet und ziehe Menschen an, die brauchen, was ich zu bieten habe. An jedem neuen Tag leiste ich noch bessere Dienste. Meinen Unternehmungen ist großartiger Erfolg beschieden. Ich wünsche allen, die mit mir zu tun haben, Erfolg und segne sie. Ich weiß: Was ich jetzt verfüge, wird in göttlicher Fügung als Freude und Fülle in meinem Leben zum Ausdruck kommen. Es ist wunderbar!«

Wie sie zu einem ausgewogenen Leben fand

Nach einem Vortrag, den ich in Atlanta hielt, machte

mich jemand auf eine junge Frau aufmerksam, die sich ganz der Metaphysik und dem Bibelstudium verschrieben hatte. Sie war Lehrerin und besaß, nach akademischen Kriterien, eine erstklassige Ausbildung, doch sie lebte so sehr auf sich selbst zurückgezogen, daß sie ihr Aussehen, ihren Beruf und ihre Angehörigen vernachlässigte. Sie war einseitig interessiert, ihr Leben unausgeglichen. Ihrer Umgebung erschien sie als eine Art sonderbare »Kultgestalt«.

Ich sprach mit der Lehrerin und wies sie darauf hin, daß die wahre Kenntnis der Gesetze des Denkens und Glaubens sowie der Möglichkeiten der geistig-seelischen Entfaltung sie veranlassen würde, mehr Interesse für ihre Unterrichtsarbeit und die Beziehungen zu ihren Schülern und ihren Angehörigen zu zeigen. Ich sagte ihr: »Die Innenwelt ist die Welt der Verursachung, und alle Ursachen werden in der Außenwelt als Ergebnisse sichtbar. Deshalb sind Meditation, Gebet und das Studium spiritueller Vorgänge lebenswichtig. Doch wir müssen auch voll in der objektiven Welt unserer materiellen Existenz leben.«

Umgekehrt – davon handelt ja dieses Buch – gilt natürlich genau das gleiche. Wenn jemand bloß in der objektiven Sphäre des Daseins lebt und der spirituellen Welt der Ursachen keine Beachtung schenkt, wird er unweigerlich unausgeglichen und unglücklich; er unterliegt dann dem irrationalen Geist der Masse und deren Durchschnittsdenken, und er verliert die Kontrolle über sein Leben. Leiderfahrung ist die Folge.

Der selbstversunkenen Lehrerin empfahl ich, Tanzstunden zu nehmen, Handball, Tennis oder Golf zu spielen, auszugehen, Menschen kennenzulernen, liebenswürdig, gesellig und für alles, was ist, aufgeschlossen zu sein, gute Laune und Freude zu verbreiten. Sie hatte keine Verehrer und keinerlei Hobby, was nicht normal war. Nur ihre Bücher interessierten sie, und als Folge davon litt sie, wie man sagen könnte, an »geistiger Verdauungsstörung«.

Sie zeigte sich zunächst erstaunt – sie hatte anfänglich auch in mir einen einseitigen Menschen gesehen –, dann aber aufgeschlossen für meine Erklärungen. Sie nahm meinen Rat an und faßte den Vorsatz, die Schätze ihres inneren Reichtums freizusetzen.

Vor ein paar Tagen nun erhielt ich einen Brief von ihr. Sie schrieb, sie habe auf dem Tennisplatz einen Arzt kennengelernt, und mit ihm spiele sie nicht nur ziemlich oft Tennis, er nehme sie auch zum Essen, zum Tanzen, in ein Theater mit ... Zwischen den Zeilen des erfreulichen Briefes konnte ich unschwer herauslesen: Die Frau war verliebt.

Sind ältere Menschen »von Gott und der Welt« verlassen?

Jesus riet seinen ungebildeten, aber aufgeschlossenen Zuhörern immer wieder, sich Gott, den allmächtigen lebendigen Geist, der uns allen innewohnt, als gütigen Vater vorzustellen, der milde und barmherzig zu jedem ist und seine Wohltaten über Gute und Schlechte gleichermaßen ausgießt. Jesus sagte, die lebenspendende Sonne scheine auf die Gerechten wie auf die Ungerechten, der erquickende Regen falle auf die Guten wie die Schlechten. Damit wies er die Menschen auf die Tatsache hin, daß Gott, der unendliche Geist, die Person nicht ansieht.

Er forderte die Menschen auf, nicht voll Zweifel oder Furcht und nicht bettelnd oder flehend zu beten, sondern in der absoluten Gewißheit, Antwort zu erhalten, denn der Macht und Liebe Gottes und seiner Bereitschaft, ihnen zu antworten, seien keine Grenzen gesetzt. Auf solche Weise veranschaulichte Jesus seinen Zuhörern, daß die Gottesmacht außen im Unendlichen und in ihnen dieselbe ist, die eine einzige des unendlichen Geistes.

Dies zu wissen ist für alle Menschen von grundlegender Bedeutung. Es ist aber insbesondere wichtig für ältere Menschen, die – nach dem Verlust ihres Partners oder ihrer Arbeit – sich nur allzuoft »von Gott und der Welt verlassen« fühlen. »Wer sich der Einsamkeit ergibt, ach! der ist bald allein«, schrieb Goethe – ein wahres Wort. Beherzigen Sie es und unternehmen Sie etwas.

Älteren Menschen, die sich verlassen fühlen, empfehle ich, in einen Club oder Verein einzutreten, unter Menschen zu gehen, Bekanntschaften zu schließen, an gesellschaftlichen Veranstaltungen teilzunehmen, ihre Erfahrungen und ihr Wissen an andere weiterzugeben. Viele von ihnen begannen auf meinen Rat hin zum Beispiel Sprachunterricht zu geben. Einige fuhren mit Bekannten als Reisebegleiter in fremde Länder, die sie kannten, andere betätigten sich als Dolmetscher und genossen dabei das Leben in vollen Zügen.

Es gibt zahllose Möglichkeiten befriedigender Betätigung, politische, soziale, religiöse Zielsetzungen. Und es gibt ebenso viele Möglichkeiten zur Selbstverwirklichung. Ein neunzigjähriger Mann in meiner Nachbarschaft lehrt Anfängern Bridge: Er hat so eine Menge Freunde gewonnen und ist glücklich.

Wie Sie den Verlust eines geliebten Menschen verwinden

Leiderfahrungen und Verluste bleiben niemandem erspart. Wir können unsere Lieben nicht ewig festhalten. Jeder Mensch muß früher oder später körperlich sterben. Das wird uns allen widerfahren ohne Ausnahme; und es muß gut sein, sonst wäre es nicht! Die Reise führt von

Dr. Joseph Murphys Vermächtnis, Kapitel 9 159

einer Herrlichkeit zur anderen, von einer Oktave zur nächsten, von Kraft zu größerer Kraft, von Weisheit zu größerer Weisheit, immer weiter durch die Ströme der Ewigkeit.

Ein schon seit vielen Jahren pensionierter Ingenieur stand plötzlich allein da. Er war mit seiner über Nacht verstorbenen Frau mehr als sechzig Jahre verheiratet gewesen, und er fühlte sich jetzt »in ein Loch der Depression und ein Vakuum der Einsamkeit geschleudert«.

Ich stellte ihm eine einfache Frage: »Nehmen wir an, Sie wären als erster hinübergegangen, wie wäre Ihre Frau damit fertiggeworden?« Er antwortete: »Oh, ich denke, sie wäre völlig verzweifelt, deprimiert und mutlos gewesen. Sie hätte vor Hilflosigkeit und Einsamkeit nicht aus noch ein gewußt.« Darauf sagte ich: »Nun, sehen Sie denn nicht, daß Sie Ihrer Frau diese Erfahrung erspart haben?«

Er begriff mich sofort und erkannte, wofür ich ihm die Augen öffnen wollte: daß er nämlich in Selbstmitleid versunken war. Ich machte ihm klar, daß Liebe immer den anderen befreit, daß er aber die geliebte Frau durch seine morbide Einstellung festhielt. Eine über Gebühr lange Trauer ist immer auf egoistische, zumindest egozentrische Motive zurückzuführen. Ich riet dem Mann, seine Frau Gott zu überantworten, sich über ihre neue Geburt im Geiste zu freuen und voll Glauben daran zu denken, daß ihre Reise aufwärts ging zu Gott und daß liebevolle Hände sie in die Räume des vieldimensionierten Hauses des von Jesus verkündigten Vaters führten.

Der für spirituelle Ideen empfängliche Mann pflichtete mir bei. Er beschloß, künftig, wenn ihm seine Frau einfiel, immer zu sagen: »Ich freue mich über deine neue Geburt in Gott. Gott sei mit dir.« Ein Segen solcher Art hebt Trauer auf, und wer so segnet, betritt die Morgenlichtung eines neuen, verheißungsvollen Tages.

Der körperliche Tod ist in Wirklichkeit ein neuer Anfang, der eines Lebens im Geiste. Der Bibel zufolge bedeutet Tod die Unkenntnis der Wahrheit, daß uns Gott
innewohnt, der unser eigentliches Leben ist, und daß dieses Leben oder Gott nicht sterben kann. In den *Upanischaden* heißt es: »Das Leben wurde nie geboren, es wird
nie sterben; Wasser benetzt es nicht, Feuer verbrennt es
nicht, der Wind verweht es nicht. Was grämst du dich um
mich?«

Weinen tut gut und erleichtert. Doch man sollte nicht
zu oft weinen, sonst wird es zur Gewohnheit und wäre
schädlich. Übertriebene Trauer ist morbid; sie raubt Ihnen Lebenskraft, Begeisterung und Energie und bringt
Krankheiten aller Art über Sie. Wenn Sie einen Menschen, der hinübergeht, wirklich lieben, stellen Sie sich
ihm gegenüber auf Liebe und Frieden ein. Ihm ist grenzenlose Liebe, unendlicher Friede zuteil.

Der Psalmist sagt: *Wie der Hirsch schreit nach frischem
Wasser, so schreit meine Seele, Gott, zu dir. Meine Seele
dürstet nach Gott, nach dem lebendigen Gott ... Was be-
trübst du dich, meine Seele, und bist so unruhig in mir?
Harre auf Gott! denn ich werde ihm noch danken, daß er
mir hilft mit seinem Angesicht* (Psalm 42, 2–3, 6).

Wie die Witwe zu neuem Lebensmut fand

Nichts auf der Welt währt ewig. Alles ist in ständiger Veränderung begriffen. Sie können nicht ewig jung bleiben.
Sie können heute nicht mehr der gleiche Mensch sein wie
vor einem Jahr oder vor fünf Jahren. Wenn Sie sich dem
Studium der Gesetze des Denkens und Glaubens widmen, werden Sie feststellen, daß Sie nicht mehr so denken, sprechen und handeln wie früher. Sie sind aber nicht
nur geistig-seelisch, sondern auch körperlich nicht mehr

Dr. Joseph Murphys Vermächtnis, Kapitel 9 161

derselbe Mensch. Die Zellen unseres Körpers erneuern sich ständig. Wissenschaftler behaupten, wir hätten jeweils nach sieben Jahren einen neuen Körper – doch nicht auf ewig. Die Reise, die kein Ende kennt, ist die im unendlichen Geist.

Voll Besorgnis brachte eine junge Frau ihre verwitwete Mutter zu mir, die, wie der Volksmund sagt, »immer weniger« wurde. In dem Gespräch mit der Witwe fand ich heraus, daß sie jeden Tag auf den Friedhof ging, ihrem verstorbenen Mann Blumen aufs Grab legte und eine halbe Stunde oder länger weinte. Ihr Arzt hatte ihr dringend geraten, damit aufzuhören. Seiner Ansicht nach fehlte ihr körperlich nichts, sie welkte einfach dahin und verlor immer mehr Lebenskraft. Das Aufbaumittel, das sie nahm, hatte offenbar keinerlei Wirkung.

Ich versuchte der Frau zu erklären, daß der Geist des Mannes, den sie suchte, sicher nicht in dem Grab war, das sie schmückte. Sie aber würde sich durch ihr Denken und Verhalten mit Tod und Einschränkung identifizieren und so in ihrem Körper den entsprechenden Zustand hervorrufen. Sie solle doch ihrem verstorbenen Mann lieber die Blumen ihres Herzens geben, denn er befinde sich am gleichen Ort – in der Heimat des Geistes – wie sie und sei von ihr nur durch die unterschiedliche Frequenz getrennt.

»Bedenken Sie«, sagte ich, »daß Grabaufschriften wie ›Hier ruht ... ‹ nicht der Wirklichkeit entsprechen. Das Leben ist ewig, es ist ein ständiges Weitergehen, eine endlose Entfaltung, ein unaufhörliches Voranschreiten und Aufwärtssteigen. Das Leben läuft nicht rückwärts und hält sich nicht beim Gestern auf. Sie können morgen nicht weniger sein, als Sie heute sind!«

Die Witwe hatte während des Krieges einen Sohn verloren, der Pilot eines Kampfflugzeugs gewesen und abgeschossen worden war. Ich fragte sie, ob man ihm dort, in freier Luft, etwa einen Stein mit seinem Geburts- und

Sterbedatum gesetzt habe, ob dort oben jemand Blumen hingelegt und geweint habe. Ich erinnerte sie daran, daß es auch Tausende von Seeleuten gab, die im Krieg oder bei Schiffskatastrophen ertrunken und in den Fluten verschwunden sind. »Fährt etwa jemand aufs Meer hinaus und setzt dort Gedenksteine? Wenn bei Ihnen eine Glühbirne durchbrennt, sagen Sie nicht, daß dies das Ende der Elektrizität sei. Wenn einem Musiker seine Geige abhanden kommt, bedeutet dies keineswegs das Ende der Musik. Musik ist! Elektrizität ist! Leben ist!«

Ich denke, daß ich die Frau umzustimmen vermochte. Jedenfalls befolgte sie ab da den Rat ihres Arztes; sie hörte auf, täglich das Grab zu besuchen. Und das Gebet, das ich ihr gegeben hatte, half ihr, wie mir ihre Tochter später versicherte, ihren Mann endgültig freizugeben. Es lautete: »Ich überantworte meinen Mann vollkommen Gott. Ich sehe ihn, eingehüllt von Liebe, in tiefem Frieden. Wenn ich an ihn denke oder wenn ihn jemand vor mir erwähnt, segne ich ihn sofort mit den Worten: ›Gott liebt dich, John. Gottes Friede erfüllt deine Seele.‹«

Der Zustand der Frau besserte sich rasch. Ihr Arzt war sehr erfreut über ihre Fortschritte. Sie fand zusehends zu neuem Lebensmut.

Ein alter unbekannter Dichter schrieb: »Ich sagte zu dem Manne, der am Tor des Jahres stand: ›Gib mir ein Licht, damit ich sicher ins Unbekannte gehen kann.‹ Und er antwortete: ›Geh hinaus in die Finsternis und lege deine Hand in die Hand Gottes. Das wird besser für dich sein als ein Licht und sicherer als ein bekannter Weg.‹«

»Und im Unglück nun erst recht!«

Dieser Spruch trifft auf viele großartige Menschen zu, die aus Not und Mißgeschicken erstaunliche Kräfte schöpf-

Dr. Joseph Murphys Vermächtnis, Kapitel 9   163

ten. Die beiden nachstehenden Artikel erschienen am siebten und achten Dezember 1980 in der Kolumne »Dear Abby« der *Los Angeles Times;* sie sprechen für sich selbst:

Dear Abby!
Vor zwanzig Jahren, mit Vierzig, wurde ich infolge eines Gehirntumors vollkommen invalid. Ich war nicht fähig, aus dem Bett aufzustehen, doch dank der Gnade Gottes und dem Können eines Chirurgen kam ich durch. Zeitweise war ich so verzweifelt, daß ich betete, es möge zu Ende gehen. Dann brachte mir ein Freund eine ziemlich unscheinbare »Inspirationsschrift«, die ich seither wohl tausendmal gelesen habe. Es gab Augenblicke, da sich mein Blick trübte und ich dachte: »Jetzt ist es soweit; das ist das Ende.« Dann las ich von neuem diese Botschaft, und sie half mir da durch.
Abby, einige der größten Männer und Frauen unserer Zeit waren von Krankheit, Unglück und Elend heimgesucht, haben es jedoch geschafft, ihr Leid, ihre Nöte zu überwinden.
Vielleicht ist irgendwo unter Ihren Lesern jemand, der nicht mehr aus noch ein weiß und Ermutigung braucht. Geben Sie dies hier weiter. Könnte sein, daß es jemandem das Leben rettet. Meines hat es gerettet.

H. E., Encino, Kalifornien

Die Botschaft: Sieg trotz schlechter Chancen!
    Verkrüpple ihn, und du hast einen Sir Walter Scott.
    Sperre ihn in eine Gefängniszelle, und du hast einen John Bunyan.
    Begrabe ihn im Schnee des Valley Forge, und du hast einen George Washington.
    Ziehe ihn in erniedrigender Armut auf, und du hast einen Abraham Lincoln.

Setze ihn bitteren religiösen Vorurteilen aus, und du hast einen Benjamin Disraeli.

Schlage ihn als Kind mit Asthma, und du hast einen Theodore Roosevelt.

Peinige ihn mit rheumatischen Schmerzen, bis er ohne Opiat nicht schlafen kann, und du hast einen Charles P. Steinmetz.

Stecke ihn in die Schmierölgrube eines Lokomotivenschuppens, und du hast einen Walter P. Chrysler.

Mache ihn zur zweiten Geige in einem obskuren südamerikanischen Orchester, und du hast einen Arturo Toscanini.

Lieber Hermann,
danke für Ihr Schreiben. Es ist in der Tat inspirierend. Ich möchte der Liste noch einen weiteren Namen anfügen, der für Sieg trotz schlechter Chancen steht:
Verwehre einem Kind bei der Geburt die Fähigkeit zu sehen, zu hören und zu sprechen, und du hast eine Helen Keller.

Liebe Leser, die gestrige Kolumne bestand aus (von einem Leser eingereichten) Namen von Menschen, denen es gelang, trotz schlechter Chancen zu siegen. Die heutige Kolumne ist eine Fortsetzung dieser Liste:
Nimm ein Contergankind, das mit einem verkrüppelten Zwergenkörper ohne Arme geboren ist, und du hast einen Terry Wiles, der mit Hilfe mechanischer Vorrichtungen lernte, eine elektrisch betriebene Orgel zu spielen, ein Motorboot zu steuern und zu malen.

Amputiere das verkrebste Bein eines smarten jungen Kanadiers, und du hast einen Terry Fox, der gelobte, auf einem Bein quer durch ganz Kanada zu laufen, um eine Million Dollar für die Krebsforschung aufzubringen. (Terry mußte auf der halben Strecke aufgeben, als der

Dr. Joseph Murphys Vermächtnis, Kapitel 9 165

Krebs seine Lunge angriff, aber er hat bis heute etwa zwanzig Millionen Dollar gesammelt.)

Laß einen britischen Flieger, obwohl er bei einem Absturz beide Beine verloren hat, wieder in der Royal Air Force fliegen, und du hast einen Douglas Bader, der mit zwei künstlichen Beinen im Zweiten Weltkrieg dreimal von den Deutschen gefangengenommen wurde – und dreimal entkam!

Blende ihn, und du hast einen Ray Charles, George Shearing, Stevie Wonder, Tom Sullivan, Alec Templeton oder Hal Krents.

Bezeichne ihn als »zu dumm zum Lernen«, und du hast einen Thomas Edison.

Mache ihn zum hoffnungslosen Trinker, und du hast einen Bill Wilson, den Begründer der »Anonymen Alkoholiker«.

Sage ihr, mit Achtzig sei sie zu alt, um Malerin zu werden, und du hast eine Grandma Moses.

Peinige ihn mit Perioden so tiefer Depression, daß er sich ein Ohr abschneidet, und du hast einen Vincent van Gogh.

Die Liste wäre nicht vollständig ohne einen lächelnden Max Cleland, der in Vietnam beide Beine und einen Arm verlor und jetzt der »Veterans Administration« in Washington vorsteht.

Vergiß auch Patricia Neal nicht, die Schauspielerin, die einen schweren Schlaganfall erlitt, sich aber trotz nur verschwindend geringer Chance wieder erholte.

Mache ihn im Alter von vierundzwanzig Jahren blind, und du hast einen John Milton, der sechzehn Jahre später *Das verlorene Paradies* schrieb.

Nenne ihn beschränkt und hoffnungslos und lasse ihn in der sechsten Klasse durchfallen, dann hast du einen Winston Churchill.

Bestrafe sie mit Armut und Voreingenommenheit anderer gegen sie, und sie übersteht es vielleicht, um eine neue Golda Meir zu werden.

Lasse sie die geschlechtliche Diskriminierung überwinden, und du hast eine Madame Curie.

Sage einem kleinen Jungen, der gern zeichnet und skizziert, er sei völlig untalentiert, und du hast einen Walt Disney.

Nimm ein verkrüppeltes Kind, das kein anderes Heim als das Waisenhaus gekannt hat, und du hast einen James E. West, den ersten Chief Executive der amerikanischen Pfadfinder.

Stufe ihn in Chemie als »mittelmäßig« ein, und du hast einen Louis Pasteur und eine Million anderer begabter Männer.

Nicht alle Schädigungen und Handikaps sind körperlicher beziehungsweise materieller Natur und sichtbar. Und nicht alle, die trotz geringer Chancen siegten, wurden bekannt und berühmt. Jede Familie hat ihre eigenen Helden und Heldinnen, für deren Leistungen die Medaille zu ihrer Ehrung noch erst gefunden werden müßte; die vorhandenen sind nicht würdig genug.

Euch, deren Namen hier nicht erscheinen, die es jedoch verdienten, widme ich diese Kolumne.

Dr. Joseph Murphys Vermächtnis, Kapitel 9 167

Ein Gebet zur Bestärkung des Vertrauens

Das folgende Gebet hat vielen Menschen geholfen. Wenn Sie sich der geistigen Betrachtung der darin enthaltenen wunderbaren Wahrheiten widmen, wird es auch Ihnen gelingen, Ihr Leben zu verändern und ein neuer Mensch zu werden. Sie werden schon nach kurzer Zeit der Meditation erfahren, daß auch in Ihrem Leben noch Wunder geschehen.

»Denn gleich wie der Leib ohne Geist tot ist, so ist auch der Glaube ohne Werke tot (Jakobus 2, 26).

Ich erkenne und weiß, daß Gott der in mir waltende Geist ist. Ich weiß, daß Gott das ist, was mich als Gesundheit, Harmonie und Frieden durchpulst. Das Gefühl des Vertrauens, das mich jetzt erfaßt, sind der Geist Gottes und das Wirken Gottes in mir. Ich lebe in dem Vertrauen, daß mir das Gute, das Schöne und Wahre mein Leben lang zuteil werden; dieser Glaube an Gott und das Gute wirkt Wunder; er beseitigt alle Hindernisse.

Ich wende mich jetzt nach innen und vergesse die Außenwelt. Ich wende mich nach innen an das Eine, das Schöne, Gute und Wahre; hier wohne ich außerhalb von Zeit und Raum; hier lebe ich, hier bewege ich mich im Schutz des Allmächtigen. Ich bin frei von Angst, unabhängig von den Vorurteilen und vom äußeren Schein der Dingwelt. Ich fühle jetzt Gottes Gegenwart, und diese Gegenwart äußert sich in der Gewißheit, daß mein Gebet erhört worden ist.«

KAPITEL 10

Das befreiende Prinzip
inneren Wachstums

Gehen Sie von der einen großen Wahrheit aus: Gott ist
Gott, derselbe gestern, heute und in Ewigkeit. Alles andere, was ist und lebt, ist der Veränderung unterworfen.
Eine andere große Wahrheit, die es zu erkennen gilt, ist
die vielleicht noch entscheidendere: Uns allen wohnt
Gott inne. *Gott ist Geist, und die ihn anbeten, müssen ihn
im Geist und in der Wahrheit anbeten* (Johannes 4, 24).
Dieser Geist ist grenzenlose Liebe und absolute Harmonie; er ist allgegenwärtig, allmächtig, allwissend und
unvergänglich. Geist vom Geiste Gottes kann nicht verletzt, verwundet oder vernichtet werden. Er ist Ihr eigentliches Leben. Mit der Gottesgegenwart in Ihrem Inneren
nehmen Sie kraft Ihres Denkens und Glaubens Verbindung auf. Doch es muß sich, wie schon erörtert, um ein
Denken und Glauben »im innersten Herzen« handeln,
wenn die Gotteskraft im Leben eines Menschen sichtbaren Ausdruck finden soll. *Des Menschen Herz erdenkt sich
seinen Weg ...* (Sprüche 16, 9). Die Gültigkeit dieser
Wahrheiten erweist sich im Leben eines jeden von uns.

*Wachstum und Entfaltung sind verwirklichte
Ideen Gottes*

Unsere bewußten und unterbewußten Ansichten und

Überzeugungen bestimmen unsere äußeren Erfahrungen, unsere Lebensumstände. Wir erschaffen die Welt, in der wir leben.

Alles ist andererseits in ständigem Wandel begriffen. Das bedeutet, daß nichts beständig ist. Es bedeutet aber auch, daß Veränderung Ausdruck des Wachstums ist. Und Wachstum und Entfaltung sind verwirklichte Ideen Gottes, des lebendigen Geistes, der das Leben ist.

Erkennen Sie, daß es ohne Veränderung kein Wachstum gibt. Haben Sie deshalb keine Angst vor Veränderungen. Hören Sie vor allem auf, an falschen Ansichten, an zur Gewohnheit gewordenen unüberprüften Überzeugungen, an überholten Dogmen und starren Ideologien festzuhalten, die Sie in Ihrem Wachstum einschränken. Machen Sie sich klar, daß Sie zu dem einzigen Zweck hier auf Erden sind, immer mehr der Ihnen innewohnenden Gotteskraft freizusetzen und sichtbar zu machen. Gott drückt sich durch Sie aus.

Denken Sie über diese einfachen Wahrheiten nach. Sie – die Sie aufgrund solchen gottgewollten natürlichen Wachstums heute geistig und körperlich ja auch kein Kind mehr sind, obwohl Sie das einmal waren – sollten jede Veränderung, die sich abzeichnet oder die Ihnen im Leben bevorsteht, als gut, ja sogar als sehr gut begreifen. Verfügen Sie: »Diese Veränderung ist gut, sie wird sich für mich als Segen erweisen.« Sehen Sie in der Veränderung die Gotteskraft am Werk, dann wird für Sie alles neu werden, und es kann nur besser sein als zuvor.

Seelenfriede ist die Voraussetzung allen Wachsens

Das Bewußtsein, daß Sie die schöpferische Kraft Gottes in sich tragen, verleiht Ihnen jene Sicherheit und Festigkeit, die eine unabdingbare Voraussetzung für Seelenfrieden ist. In der Erscheinungswelt, die uns umgibt und in der sich alles ständig verändert, brauchen Sie einen festen, dauerhaften Anker, an dem Sie sich anhalten können. Diesen Anker finden Sie in der Gewißheit, daß Ihnen Gott innewohnt, daß Gott der unendliche Geist ist und daß dieser Geist auf die Inhalte Ihres Denkens, Glaubens und Fühlens reagiert. Ehren und preisen Sie darum die Gottesgegenwart in Ihrer Mitte, die erhaben und allmächtig ist. Nehmen Sie Ihre Zuflucht vertrauensvoll bei Gott als der Quelle aller Segnungen und Wohltaten. Wenn irgend etwas Sie aufwühlt, ärgert oder deprimiert, sollten Sie sofort in ruhiger, fester Überzeugung bekräftigen: *Seid stille und erkennt, daß ich Gott bin* (Psalm 46, 10).

Die Erzfeinde unseres Seelenfriedens und somit auch jeglichen inneren und äußeren Wachstums sind Angst und Haß.

Wachsen Sie geistig über sich selbst hinaus

Angst und Haß sind immer negativem Denken zuzuschreiben. Niemand ist bisweilen dafür nicht anfällig. Das macht aber auch nichts. Es kommt nur darauf an, daß man solche Anfechtungen nicht akzeptiert; man darf sich ihnen nicht ergeben. Dies geschieht aber, wenn man solche Regungen längere Zeit mit sich herumträgt und widerstandslos hinnimmt. In diesem Fall gehen Angst und Haß bald unter die Haut, ja noch viel tiefer, nämlich bis auf den Grund des Gefühlslebens. Sie infizieren das Gemüt und führen zu ernstzunehmenden Gefühlskonflikten, die sich im Leben unweigerlich auswirken. Lassen Sie es nie soweit kommen.

Die Angst ist ein aggressives, zu Zwangsgewalt und Terror drängendes Prinzip; sie liegt immer auch dem Haß zugrunde. Die Angst ist aber nur mächtig jenen gegenüber, die sich von ihr einschüchtern lassen und sich ihr in die Hand geben.

Stellen Sie sich darunter einen ebenso aufgeblasenen wie gewalttätigen Eindringling vor, der sich auf der Ebene Ihres Geistes- und Gefühlslebens zu Unrecht Respekt anmaßt und von Ihnen Unterwerfung fordert. Vielleicht schrecken Sie vor der Vorstellung zurück, besagten Unhold innerhalb der Bannmeile Ihres Geistes anzutreffen. Vielleicht auch zaudern Sie, dem Eindringling zu begegnen und ihn unschädlich zu machen, weil Sie nicht sicher sind, welche Folgen Sie dafür würden in Kauf nehmen müssen.

Angst gedeiht im dunklen Schlagschatten geistiger Unaufgeklärtheit und Unwissenheit. Wer die Gesetze des Geistes kennt, zieht diese Angst mit einem Griff empor ins Licht aufgeklärter Vernunft. Da zeigt es sich denn, daß sie das Licht scheut: im Licht zerstreut sie sich wie Spreu im Wind.

Sie sind Ihr eigener Herr und Meister. Einzig und allein in Ihrer Hand liegt es, Ihr Geistes- und Gefühlsleben zu steuern. Es ist sinnwidrig, gefährlich und dumm, ein unwissendes, blindes und stupides Ungeheuer – wie dies die Angst ist – sozusagen als Sturmbock Ihrer Unternehmungen wüten und Ihr Leben verheeren zu lassen. Das darf Ihnen nicht passieren. Sie sind ganz einfach zu aufgeklärt, zu überlegen, als daß Ihnen so etwas passieren könnte. Ihr Gottvertrauen ist stärker als jede Furcht. Furcht ist ins Gegenteil verkehrter Glaube, ist eine Anballung nächtig-unheilvoller Schatten, die Ihren Geist, Ihr Gemüt verfinstern. Kurzum: Angst ist ins Gegenteil verkehrter Glaube an das Falsche. Wachsen Sie geistig über sich selbst hinaus. Rufen Sie Ihr Vertrauen auf Gott wach. Bieten Sie die Ihnen innewohnende Gotteskraft auf.

Nichts und niemand ist dem ebenbürtig, der mit Gott eins ist. Wenn Sie in der Sicherheit, die Ihnen diese Gewißheit gibt, leben, werden Sie sich zu jeder Zeit auf allen Ihren Wegen beschützt und geführt fühlen, unangefochten von jeglicher Angst und siegreich in jeder Gefahr.

Sie befreite sich mit dem Haß von ihrer Krankheit

In einem Krankenhaus unserer Stadt besuchte ich vor einiger Zeit eine Frau, die an Bluthochdruck und akuter Kolitis litt. Sie schilderte mir geradezu beflissen frühere Fehler und Irrtümer und beklagte »ihre Dummheit«. Dann gestand sie, daß sie eine Kollegin hasse, die im Büro ihre Stellung untergrabe, und daß sie diese »Nebenbuhlerin im Geschäft« regelrecht vor Wut verschlingen könnte.

Ich blieb eine Weile ruhig neben ihr sitzen und erzählte ihr dann, was William James, der große Pionier der amerikanischen Psychologie, einst gesagt hatte: »Das Kennzeichen des Genialischen ist es zu wissen, was man übersehen muß.« Dazu gehört nicht zuletzt, daß man sich von der Vergangenheit abwenden, also verzeihen und vergessen muß, wenn man sich der wünschenswerten Gesundheit erfreuen und seine Seelenruhe haben will.

Dann nannte ich der Frau eine Bibelstelle und wies sie auf die Tatsache hin, daß dies eines der noch heute wirksamsten aller verfügbaren therapeutischen Mittel sei, um körperliche und geistig-seelische Gesundheit zu erlangen: *Ich vergesse, was dahinten ist, und strecke mich zu dem, was da vorne ist, und jage – nach dem vorgesteckten Ziel (Philipper 3, 13–14).*

Ich erklärte der Frau: »Das Ziel, das Sie anstreben, ist Seelenfrieden. Und wenn Sie Seelenfrieden haben, werden Sie sich auch der Ausgeglichenheit Ihres Körpers er-

freuen. Friede bedeutet Ausgeglichenheit und Gleichgewicht, Gleichmut, Heiterkeit, die aus einem Gefühl des
Einsseins mit Gott, dem Unendlichen und dem Leben
schlechthin erwachsen.«

Jesus sagte zu Kranken: *Dein Glaube hat dir geholfen.*
Gehe hin mit Frieden! (Lukas 8, 48). So sprach er mit
Menschen, deren Gemüter zerrissen waren, die in Verwir-
rung, innerem Hader und Zorn lebten.

Der kranken Frau machte ich klar, daß sie einen Frieden finden könne, der über jedes Begreifen hinausgehe,
und daß Seelenfrieden weder eine Flucht noch ein Rück-
zug aus dem Leben sei. Ganz im Gegenteil: innerer Friede
sei eine konstruktive Haltung, aus der heraus man Interesse am Wohlergehen der Mitmenschen habe und ein dy-
namisches Leben führe, das von schöpferischer Kreativi-
tät und wohlwollender Freundlichkeit gegenüber allen
Menschen geprägt sei.

Zum Schluß schrieb ich der Frau ein Gebet auf, das sie
möglichst oft am Tag sprechen sollte:

»Ich verzeihe jedem gern und ganz, der mich je verletzt
hat. Ich gebe alle diese Menschen frei, und zwar ein für
allemal. Wann immer mir so jemand einfällt, segne ich
ihn. Ich vergesse die Vergangenheit und wende meine
Aufmerksamkeit meiner verheißungsvollen Zukunft zu,
die von Gesundheit, Harmonie und Frieden bestimmt ist.
Mein Gemüt ist ruhig, ausgeglichen, heiter. In dieser Atmosphäre des Friedens und der Freundlichkeit, die mich
umgibt, empfinde ich eine tiefe, beständige Stärke und
die Freiheit von jeglicher Angst. Ich empfinde und fühle
nun die kosmische Heilgegenwart von Liebe und Schönheit.

Mit jedem Tag werde ich mir der Liebe Gottes stärker
bewußt; alles, was falsch ist, verschwindet und vergeht.
Ich lasse jetzt den Strom des Friedens und der Heilkraft
Gottes durch meinen ganzen Körper fließen. Ich ruhe in
diesem Bewußtsein des Friedens. Mein Friede ist die tie-

Dr. Joseph Murphys Vermächtnis, Kapitel 10

fe, unveränderliche Ruhe unendlichen Friedens, des Friedens Gottes.«

Als ich die Frau nach etwa zwei Wochen wieder besuchte, war sie ganz glücklich, weil es ihr viel besser ging. Sie war gesund geschrieben und sollte am nächsten Tag aus dem Krankenhaus entlassen werden. Zu mir sagte sie: »Ich weiß, daß meine ganzen Schwierigkeiten meinem aufgestauten Haß erwuchsen. Ihm bin ich jetzt entwachsen und innerlich rein. Es ist wahr: Frieden bedeutet Gesundheit und Glück.«

Gefühle, die die Medizin registriert

Alarmiert durch die Erkenntnisse der modernen Schule der psychosomatischen Medizin, deren Feststellungen zufolge an die neunzig Prozent aller Krankheiten auf psychische Ursachen zurückzuführen sind, sind heutzutage viele Ärzte Verfechter der Ganzheitsmedizin. Sie behandeln ihre Patienten im Hinblick sowohl auf körperliche als auch auf geistig-seelische Aspekte.

Ihre besondere Aufmerksamkeit gilt – über die Behandlung von Funktionsstörungen und Schädigungen von Organen hinaus – den psychogenen Krankheitsursachen, die sehr oft in der Gesamtpersönlichkeit, den Lebensverhältnissen und dem Schicksal des Kranken ihre Erklärung finden.

Immer wieder betonen sie die abträglichen Folgen destruktiver Emotionen. Ein angesehener Verfechter der Ganzheitsmedizin ist Dr. Frank Varese aus Laguna Hills, Kalifornien. Er unterstreicht nachdrücklich, daß positive Gefühle wie Heiterkeit und Freude die Immunabwehr des Körpers stärken und die Aktivität der Lymphozyten steigern, also der weißen Blutkörperchen besonderer Art, die eindringende Mikroben oder Viren vernichten, wogegen

Angst und Haß zur Verminderung der roten Blutkörperchen führen und sie sogar zerstören können. Sie hemmen die Entwicklung von Antikörpern und Antitoxinen, machen also den Körper krankheitsanfällig. Dr. Varese und andere Ärzte beten stumm für ihre Patienten, um den Heilvorgang zu unterstützen.

Wasserbomben verwandelten »Luxusängste« in Gottvertrauen.

Von Zeit zu Zeit besucht ein ehemaliger U-Boot-Kommandant meine Vorträge in Laguna Hills. Einmal kamen wir ins Gespräch, und er erzählte mir eine überaus interessante, lehrreiche Geschichte.

Er hatte früher als Apotheker in New York für eine Ladenkette gearbeitet und fünfzig Dollar in der Woche verdient. Sein Arzt hatte ihm damals gesagt, sein hoher Blutdruck sei darauf zurückzuführen, daß er sich ständig wegen allem Sorgen mache und in Angst lebe. Das tat er wahrhaftig. Er machte sich Sorgen um seine beiden Söhne und fürchtete, es nicht zu schaffen, sie auf ein College zu schicken. Er machte sich Sorgen, weil er seiner Frau keinen Pelzmantel kaufen konnte. Er fürchtete, daß in der Apotheke ein Raubüberfall passiere oder daß er entlassen werde, weil die Geschäfte schlecht gingen. Er machte sich Sorgen wegen der langen Arbeitszeit und wegen seiner Zukunft. Er fürchtete, es nie zu einer eigenen Apotheke zu bringen und nie genügend Geld zu haben, um ein Auto zu kaufen.

Als der Zweite Weltkrieg ausbrach, trat er in die Marine ein und wurde rasch befördert. Er sagte, daß es ihm bei der Marine gefallen habe. »Gegen Ende des Krieges«, erzählte er, »gerieten wir in eine Falle der Japaner. Ich tauchte mit meinem U-Boot unter. Von allen Seiten wurden Wasserbomben geworfen. Wir blieben zwanzig Stunden auf Tauchstation. In dieser Lage konnten wir nichts tun als warten und beten. Jeden Augenblick konnten wir ausgelöscht werden. Einer meiner Männer sagte bereits jenseits militärischer Usance: ›Boß, das ist das Ende.‹ Ich sagte: ›Gott, steh uns bei.‹ Und zu ihm: ›Der Herr ist unser Hirte.‹ Dies war das einzige, was mir an spirituellem Anhalt einfiel. In meiner Not wiederholte ich die Worte ein ums andere Mal laut.

Mir gingen aber auch alle die Befürchtungen durch den Kopf, derentwegen ich mir in meinem Leben als Apotheker Sorgen gemacht hatte. Es waren Belanglosigkeiten im Vergleich zu dem, was meine Männer und ich jetzt erlebten. Das sah ich nun. Stumm schwor ich mir: Wenn ich die Sonne und die Sterne je wiedersehe, werde ich mir an keinem Tag meines Lebens mehr Sorgen machen. Der Herr ist mein Hirte!

Mein Gebet wurde erhört, meine Männer und ich kamen mit dem Leben davon.«

Seither hat er sich, so versicherte er mir, in der Tat keine Sorgen mehr gemacht. Alle seine früheren Ängste – »private Luxusängste eines Unwissenden«, sagte er – waren angesichts des Entsetzens und der ungeheuren Gefahr während der in dem getauchten U-Boot durchlebten zwanzig Stunden verblaßt und ein für allemal verschwunden. Heute ist er von unerschütterlichem Glauben an Gott und alle guten Dinge erfüllt, und längst hat er auch seine eigene Apotheke.

Weichen Sie Herausforderungen nicht aus

Nehmen Sie Ihre Ängste unter die Lupe und prüfen Sie, ob sie überhaupt begründet sind oder nur Produkte Ihrer Phantasie. Haben Ihre Ängste eine wirkliche Ursache oder sind sie lediglich eine Ansammlung finsterer Schatten, die Ihr fehlgeleiteter Geist erzeugt hat?

Ralph Waldo Emerson sagte einmal: »Tun Sie genau das, vor dem Sie Angst haben, dann können Sie sicher sein, daß die Angst stirbt.« Wenn Sie zum Beispiel Angst haben, vor Zuhörern zu sprechen, sollten Sie bei nächstbester Gelegenheit aufstehen und eine oder zwei Minuten lang vor mehreren Leuten sprechen; nach einigen solchen Übungen wird Ihre Angst verschwinden. Sie werden entdecken, daß Ihnen eine Kraft zu Hilfe kommt, die Ihnen Mut, Glauben und Vertrauen gibt. Sobald Sie diese Kraft in sich spüren, verfliegt Ihre Redeangst.

Bekräftigen Sie vor einer Rede oder einem Vortrag: »Gott denkt, spricht und handelt durch mich. Es ist wunderbar!« Gott ist Ihr Partner, darum sind Sie immer für alle Eventualitäten gerüstet.

Edwin Markham, der amerikanische Lyriker und Schriftsteller, sagte: »Im Herzen des Zyklons, der den Himmel zerreißt, ist eine Stätte der Stille.« Jeder Pilot weiß, daß er, wenn er in die Mitte eines heftigen Hurrikans oder Zyklons fliegt, in eine Zone der Ruhe und Stille gelangt.

Gott befindet sich in Ihrer Mitte. Er ist Ihre unendliche Kraft kosmischer Dimension, die absoluter Friede, reine Seligkeit, grenzenlose Liebe, vollkommene Harmonie und unerschöpfliche Freude ist. Stimmen Sie sich geistig und seelisch auf diese Eigenschaften der unendlichen Weisheit ein, dann werden Sie geistig-seelisch erfrischt und heiter sein.

Sie sind ständig, in jeder Stunde Ihres Lebens, der Propaganda, den Meinungen, Überzeugungen und Eindrücken, die aus der Außenwelt kommen, ausgesetzt. Einige derselben sind gut, die meisten jedoch sind destruktiver Art. Wenn Sie geistig nicht auf das Unendliche eingestimmt sind, wenn Sie nicht bewußt und klug die Spreu vom Weizen scheiden, dann werden die zerstörerischen Überzeugungen und Eindrücke in Ihnen Wurzeln schlagen und Schwierigkeiten jeder Art verursachen; so entstehen Krankheit, Verwirrung, Angst und Mangel da, wo Gesundheit, Freude und Fülle sein könnten.

Der Geist der Massen dieser Welt glaubt an gute und an böse Kräfte, sieht in Krankheit, Elend und Katastrophen unvermeidliche Wechselfälle menschlicher Erfahrung. Wenn Sie in solchen, einer durch und durch negativen Weltsicht verhafteten Überzeugungen verharren und es versäumen, sich auf die Gotteskraft in Ihnen einzustimmen, werden Sie endlosen Prüfungen und Problemen ausgesetzt bleiben.

In der Bibel heißt es: *Seid getrost, ich habe die Welt überwunden* (Johannes 16, 33). Mit der »Welt« ist der Geist der Massen gemeint. Überwinden Sie im Bewußtsein der Kraft des unendlichen Geistes Ihre Probleme. Beginnen Sie jetzt gleich damit. Wenden Sie sich Vorstellungen von Harmonie, Frieden, Freude, Liebe und rechtem Tun zu. Werden Sie sich der Ihnen innewohnenden Gotteskraft bewußt, die Sie befähigt, sich voll Aufmerksamkeit, Hingabe und Liebe jenen Ideen zuzuwenden, die Ihre Seele heilen, inspirieren, erheben, würdigen und mit Freude erfüllen.

Sie bewegen sich unweigerlich in der Richtung dessen, was Sie denken, glauben, fühlen. Ihr bewußtes, vertrauensvolles Wissen um die unendliche Kraft und die Heilgegenwart Gottes, an der Sie teilhaben, versetzt Sie in die Lage, sich über alle Hindernisse hinwegzuschwingen und in Ihrem eigenen Inneren eine Bastion des Friedens zu sichern, wo Sie in der Überzeugung verweilen können, daß mit Hilfe der Ihnen innewohnenden Kraft Gottes »kein Ding unmöglich ist«.

Die Beibehaltung einer solchen Einstellung angesichts von Schwierigkeiten wird Ihnen helfen, die Welt, das heißt falsche Überzeugungen und zersetzende Ängste, zu überwinden. Sie werden sein wie jener, von dem der Psalmist sagte: *Der ist wie ein Baum, gepflanzt an den Wasserbächen, der seine Frucht bringt zu seiner Zeit, und seine Blätter verwelken nicht; und was er macht, das gerät wohl* (Psalm 1, 3).

Seine Absicht war gut, die Methode verfehlt

Vor Jahren hielt ich in Palm Springs eine Reihe Vorträge. Eines Abends kam ein Mann zu mir ins Hotel und bat mich, einen von ihm verfaßten »Aufruf zur Ächtung des Krieges« zu unterschreiben. Er sagte, er habe für diese Volksinitiative bereits Hunderte Unterschriften beieinander und rechne damit, mehrere Millionen zusammenzubekommen; diese wolle er dem Kongreß vorlegen und verlangen, daß ein Gesetz zur Ächtung des Krieges erlassen würde mit der an alle Völker ergehenden Aufforderung, ein gleiches Gesetz zu erlassen. Was er mir da vortrug, war jedoch nichts anderes als ein ziemlich verworrenes Gerede.

In dem anschließenden Gespräch erklärte ich ihm, selbst wenn in jedem Parlament auf Erden alle nur denkbaren Dokumente für den Frieden unterzeichnet würden, sei dies vergebens. Die Geschichte beweist hinlänglich, daß trotz der von vielen Nationen beziehungsweise deren Regierungen abgeschlossenen offiziellen Friedensabkommen immer wieder Kriege ausbrachen, bisweilen sogar, noch bevor die Tinte auf den Abkommensprotokollen richtig trocken war. Parlamente oder welche gesetzgebenden Volksvertretungen auch immer können im Wege der Gesetzgebung weder Frieden noch Glück, noch Harmonie, Sicherheit, Wohlstand, Liebe zum Nächsten anordnen; denn diese Dinge werden ausschließlich im Geist und in den Herzen der Menschen verfügt. Frieden beginnt beim einzelnen, und wenn der Mensch in seinem Inneren Frieden hat, wird er auch mit seiner Frau, seinen Freunden und Kollegen, wird er mit allen Menschen in Frieden leben.

Ist ein Mensch voll Feindseligkeit und unterdrückter Wut, liegt er mit sich selbst und seiner Welt im Krieg. Ein Volk ist ja eine Summe von Einzelmenschen. Deshalb besteht die einzige Möglichkeit, den Frieden zu sichern, darin, daß jeder einzelne sich auf das ihm innewohnende Göttliche einstimmt und fühlt, wie der Strom des Friedens, der Liebe und Harmonie durch sein ganzes Wesen fließt. Wenn der Mensch erkennt, daß er aufgrund seines Denkens und Glaubens im Einklang mit der unendlichen Kraft verwirklichen kann, was er sein möchte, was er tun und haben möchte, dann wird er auch feststellen, daß er alle seine Wünsche zu verwirklichen vermag, ohne einem einzigen Lebewesen auch nur ein Haar zu krümmen: dann herrscht Frieden.

Abschließend sagte ich zu dem Mann, er solle sich vor einem »aggressiven Kreuzzug für den Frieden« hüten. Das sei eine verfehlte Methode. Kriege würden ja ausschließlich auf dem Gefühlsboden von Angst, Haß, Gier, Neid und Aggressivität der Menschen entstehen, und nur wegen solcher Fehlhaltungen des Menschen gegenüber seinen Mitmenschen müßten Tausende trauern.

Was Sie für den Weltfrieden tun können

Diese Frage wird mir immer wieder gestellt. Erst unlängst wieder sagte nach einem meiner Vorträge eine Frau: »Wenn Gott die Liebe und Güte ist, wenn er allwissend ist, warum unterbindet er dann Kriege und Verbrechen nicht? Warum läßt er zu, daß Millionen Kinder verhungern und zahllose andere infolge kriegerischer Greuel zu Krüppeln werden? Dagegen kann ich doch nichts tun! «Ganz offensichtlich lag die Frau nicht nur mit dem Krieg, sondern auch mit Gott »im Krieg«.

Die Antwort auf diese Fragen ist einfach. Gott als Inbegriff des unendlichen Geistes beherrscht die Welt durch sein Wirken auf kosmischer Ebene – als Einheit, Harmonie, Rhythmus, Ordnung, Schönheit und Ausgewogenheit – und kann auf Erden nur zum Ausdruck kommen kraft Denkens, Glaubens und Fühlens des Menschen, und zwar jedes einzelnen.

Ausführlich erklärte ich das der aufgebrachten Frau und sagte dann zu ihr: »Sie verfügen über Willensfreiheit. Sie können wählen, Sie haben jede Freiheit. Sie haben die Freiheit, eine Mörderin oder eine Heilige zu werden; wäre dem nicht so, wären Sie kein Individuum. Nichts zwingt Sie, gut oder heilig zu sein; nichts zwingt Sie zu Glück, zu Ihrem Glück. Sie haben einfach die Freiheit, sich für Harmonie und Frieden, für Freude, Liebe, Fülle und alle Segnungen des Lebens zu entscheiden.«

Und was ich dieser Frau sagte, möchte ich natürlich mit Nachdruck auch Ihnen sagen: Nichts zwang Sie, Ihren Mann oder Ihre Frau zu lieben. Sie wählten, und Sie haben Ihren Partner buchstäblich unter allen anderen auf Erden möglichen Partnern erwählt. *Erwählet euch heute, wem ihr dienen wollt* (Josua 24, 15). Wenn Sie einen Menschen lieben, ist schon viel getan. Lieben Sie Gott in jedem Menschen! Dann wirken Sie für den Weltfrieden.

Solange der Mensch in emotioneller Unreife verharrt und in seinem Inneren Feindseligkeit, Neid, Eifersucht und Haß beherbergt, liegt er mit sich selbst und mit allen anderen Menschen im Krieg; multiplizieren Sie diesen, den einen Menschen, und es liegt Volk mit Volk im Krieg.

Sie müssen also zunächst in Ihrem eigenen Geist, in Ihrem eigenen Herzen Frieden schaffen, damit in *Ihrer*

Welt Frieden herrscht. Niemand außer Ihnen selbst muß sich ändern. Beginnen Sie sofort damit:

... *Was wahrhaftig ist, was ehrbar, was gerecht, was keusch, was lieblich, was wohllautet, ist etwa eine Tugend, ist etwa ein Lob, dem denket nach* (Philipper 4, 8).

Wenn Sie dies tun, wird Ihre ganze Welt wie durch Zauber in dem Bild und Gleichnis aufgehen, das Sie von sich selbst haben, Ihre Wüste wird erblühen und schön sein wie ein Rosengarten. Wahrlich, auf solche Weise lassen Sie die unendliche Gotteskraft für Sie Wunder wirken.

EIN GEBET UM FRIEDEN UND INNERES WACHSTUM

Versetzen Sie sich, sooft Sie können, in einen Zustand körperlicher Entspannung und seelisch-geistiger Ruhe und vergegenwärtigen Sie sich die nachstehenden Wahrheiten:

»Friede beginnt in mir selbst. Heiterkeit und Friede erfüllen jetzt mein Gemüt; der Geist der Freundlichkeit geht von mir aus. Ich wünsche voll Aufrichtigkeit und Überzeugung, daß alle Mitglieder meiner Familie, meine Kollegen und Bekannten sowie alle Menschen auf Erden in göttlicher Weise zu echter Selbstverwirklichung geführt werden – an ihren Platz in dieser Welt, wo sie glücklich sind und in jeder Hinsicht gedeihen. Gottes Friedensstrom fließt durch das Universum meines Geistes und meiner Seele, und ich strahle gegenüber allen Menschen Frieden und Freundlichkeit aus.

Ich wende ab sofort die ›goldene Regel‹ an, die besagt, daß ich denke, spreche und anderen gegenüber handle, wie ich wünsche, daß andere über mich denken, von mir sprechen und mir gegenüber handeln. Ich gehe heiter meines Weges, und ich bin frei, denn ich gewähre allen Freiheit. Ich wünsche allen Menschen, denen ich begegne, aufrichtig Frieden, Wohlergehen und Erfolg.

Ich weiß: Die anderen Menschen schätzen und achten mich, wie ich mich selbst schätze. Das Leben zeichnet mich über die Maßen aus, denn es sorgt reichlich für mich. Die kleinen Dinge des Lebens ängstigen oder ärgern mich nicht mehr. Wenn Angst, Zweifel oder Kritik seitens anderer mich erreichen, wird der Glaube an das Gute, an Wahrheit und Schönheit den Raum meines Geistes erfüllen und nichts Abträgliches einlassen. Die Aussagen und Suggestionen anderer haben über mich keine Macht. Wenn ich Gutes denke, ist Gottes Macht mit mir und unendliche Kraft in meiner Entfaltung des Guten.

Dr. Joseph Murphys Vermächtnis, Kapitel 10　　　185

Ich weiß auch, daß der Geist Gottes in seiner unendlichen Weisheit über mir waltet. Von ihm werde ich inspiriert. Ich sehe Harmonie, wo Zwietracht herrscht, Frieden, wo quälender Schmerz ist, Liebe, wo Haß, Freude, wo Angst und Trauer ist, und ich sehe Leben, wo der Tod auftritt. Meine Lieben und Bekannten sind in mein Gebet eingeschlossen, und der Schirm der Liebe Gottes dehnt sich über ihrer aller Wesen aus. Wenn ich mit einem anderen Menschen Schwierigkeiten hatte, so vergebe ich ihm jetzt sofort. Ich löse mich aus jedweder Bitterkeit und Feindseligkeit. Ich sehe in jedem Menschen das Göttliche, auch in mir. Gott, ich danke dir.«

KAPITEL 11

Der Königsweg zum Triumph des Menschen

Ich betrachte die Bibel nicht nur als das größte Weisheitsbuch der Menschheit, in dem uns – wie wohl niemand bestreiten wird – universell gültige Wahrheiten offenbart werden, sondern auch als das unüberbietbare, vollkommene Lehrbuch der Psychologie. Eines der großen spirituellen Meisterwerke der Bibel ist das 35ste Kapitel des *Buches Jesaja*. Es stellt eine Art Vermächtnis des erleuchteten Propheten an die Menschheit dar und vermittelt uns in kürzester und literarisch schönster Form eine Fülle spirituellen, esoterischen und psychologischen Wissens, das »nicht mehr von dieser Welt ist«.

Die Frohbotschaft dieser Verse hat mich von jung an zutiefst beeindruckt und mein Leben lang begleitet. Wichtig ist dabei, daß wir, wenn wir die universell gültige Bedeutung des Textes begreifen wollen, über die konkreten Aussagen des großen Erleuchteten hinaus die innere Bedeutung seiner Botschaft verstehen. Diese Botschaft und die von mir empfohlene Auslegung können als Zusammenfassung des Inhalts dieses Buches gelten – das von nichts anderem handelt – und somit als geeignetes Schlußwort verstanden werden.

Aber die Wüste und Einöde wird lustig sein, und das dürre Land wird fröhlich stehen und wird blühen wie die Lilien.

Sie wird blühen und fröhlich stehen in aller Lust und Freude. Denn die Herrlichkeit des Libanon ist ihr gegeben, der Schmuck des Karmels und Sarons. Sie sehen die Herrlichkeit des Herrn, den Schmuck unseres Gottes.

Stärket die müden Hände und erquicket die strauchelnden Knie!

Saget den verzagten Herzen: Seid getrost, fürchtet euch nicht! Sehet, euer Gott, der da kommt zur Rache; Gott, der da vergilt, kommt, und wird euch helfen.

Alsdann werden der Blinden Augen aufgetan werden, und der Tauben Ohren werden geöffnet werden;

alsdann werden die Lahmen springen wie ein Hirsch, und der Stummen Zunge wird Lob sagen. Denn es werden Wasser in der Wüste hin und wieder fließen und Ströme im dürren Lande.

Und wo es zuvor trocken gewesen ist, sollen Teiche stehen; und wo es dürr gewesen ist, sollen Brunnenquellen sein. Da zuvor die Schakale gelegen haben, soll Gras und Rohr und Schilf stehen.

Und es wird daselbst eine Bahn sein und ein Weg, welcher der heilige Weg heißen wird, daß kein Unreiner darauf gehen darf; und derselbe wird für sie sein, daß man darauf gehe, daß auch die Toren nicht irren mögen.

Es wird da kein Löwe sein, und wird kein reißendes Tier darauf treten, noch daselbst gefunden werden; sondern man wird frei sicher daselbst gehen.

Die Erlösten des Herrn werden wiederkommen, und gen Zion kommen mit Jauchzen; ewige Freude wird über ihrem Haupte sein, Freude und Wonne werden sie ergreifen, und Schmerz und Seufzen wird entfliehen (Jesaja 35, 1–10).

Das *Buch Jesaja* lehrt uns, daß die Befreiung von allen Übeln und der Zustrom von Reichtümern aller Art von Gott kommen. Der Name Jesaja bedeutet übrigens sinnigerweise »Jahwe hat geholfen« und bringt zum Ausdruck, daß die Erkenntnis Gottes die Rettung des Menschen ist.

Die Vergegenwärtigung der Wahrheiten Gottes

Das 35ste Kapitel des *Buches Jesaja* gilt zu Recht als eines der großen spirituellen Meisterwerke. Es ist aber auch eines der schönsten Gebete, die es gibt; seine Wahrheit und Poesie rühren die Seele tief an. Beten verändert den Menschen, der betet. Beten ist die Betrachtung der Wahrheiten Gottes vom höchsten Standpunkt aus. Wer richtig betet, versucht nicht, Gott zu ändern oder »umzustimmen«, sondern erkennt als Wahrheiten die göttlichen Prinzipien der Liebe und der Freude, des Friedens und der Harmonie, der Schönheit und der Fülle.

Betend vergegenwärtigen Sie sich die ewig gültigen Prinzipien Gottes, die immer gleich bleiben, gestern, heute und in Ewigkeit. Diese Wahrheiten, die Sie Ihrem Unterbewußtsein einprägen, verdrängen alles, was ihnen oder Gott nicht gleicht, und werden unfehlbar in Ihrem Leben zum Ausdruck kommen.

Der erste Vers des 35sten Kapitels aus dem *Buch Jesaja* lautet: *Aber die Wüste und Einöde wird lustig sein, und das dürre Land wird fröhlich stehen und wird blühen wie die Lilien.* Bedenken Sie, daß die Bibel, in die, wie gesagt, universell gültige Wahrheiten eingeflossen sind, zahlreiche Symbole und Gleichnisse, insbesondere orientalischen Ursprungs, enthält. Die erleuchteten Verfasser schrieben für die Menschen der Welt, in der sie lebten, und in der Sprache ihrer Zeit und benutzten die damals gebräuchlichen Symbole, Gleichnisse, Redewendungen und Spracheigentümlichkeiten.

Die »Wüste«, meine ich, bezieht sich auf uns Menschen, weil im Geist von Millionen Menschen nichts wächst und das »Land«, das fruchtbar sein könnte, dürr ist. Wir sind da, um die Früchte Wahrheit, Weisheit und Schönheit hervorzubringen. Gott hat uns das Ziel gesetzt, ein erfülltes, glückliches Leben zu führen, unsere Fähigkeiten bestmöglich einzusetzen und zu nutzen und uns auf höchster Ebene zu verwirklichen. Die größte aller Wüsten ist nicht die Sahara; sie befindet sich unter der Schädeldecke der Menschen.

In der Sahara haben übrigens französische Pioniere der Wirtschaft und Kultur wahre Wunder vollbracht. Sie haben Bodenschätze aufgespürt, Städte gegründet, Schulen und Industriezentren errichtet, Erdöl und viele Mineralvorkommen entdeckt. Ähnliches geschah in anderen Wüstengebieten der Erde. In Israel wurden weite Ödlandschaften in fruchtbare Gebiete landwirtschaftlicher Nutzung und des Abbaus von Bodenschätzen verwandelt. Die Menschen machten im Boden unter ihren Füßen wahre Schätze ausfindig. Diese lagen dort schon seit Jahrtausenden, ja Jahrmillionen, aber die Menschen mußten erst die Wüste ihres Geistes zum Blühen bringen, bevor sie im »dürren Land« Schätze finden konnten.

Das Innewerden der »Herrlichkeit des Herrn«

Voriges Jahr zündeten Brandstifter in der Nähe meines Wohnviertels mehrere schöne Bungalows an. Ein mit mir seit langem bekannter Universitätsprofessor erzählte mir, er sei verreist gewesen und habe bei der Rückkehr sein Haus bis auf die Grundmauern niedergebrannt vorgefunden. Wie er sagte, gab es für ihn nur eines, nämlich beten. Viele Male am Tag bekräftigte er laut: »Göttliche Liebe und göttlicher Frieden hüllen mich ein. Gott eröffnet mir jetzt eine neue Tür und einen neuen Weg, Gott ist für mich tätig.«

Aus heiterem Himmel bot ihm ein paar Wochen nach der Verwüstung seines Hauses eine bekannte Universität eine weit höher dotierte Professorenstelle an; der lohnendere Aufgabenbereich war mit größerem Ansehen und

Dr. Joseph Murphys Vermächtnis, Kapitel 11 191

der lange ersehnten wissenschaftlichen Anerkennung verbunden. Außerdem stellte ihm die Universität eine sehr schöne Wohnung zur Verfügung. Das »dürre Land«, in dem er sich nach dem Verlust von Haus und Habe befunden hatte, wurde für ihn »fröhlich«, zumal er kurz nach der erfreulichen Berufung von seiner Versicherung die Nachricht erhielt, daß er einen Großteil seiner Verluste ersetzt bekäme.

Halten Sie bei jedem Problem nach einem Lichtschimmer Ausschau. Wenn Ihre Schwierigkeiten am größten sind und rund um Sie Finsternis zu herrschen scheint, erleuchtet Sie das innere Licht, und die Lösung, um die Sie Gott im Gebet bitten, wird kommen.

Sie wird blühen und fröhlich stehen in aller Lust und Freude. Denn die Herrlichkeit des Libanon ist ihr gegeben, der Schmuck des Karmels und Sarons. Sie sehen die Herrlichkeit des Herrn, den Schmuck unseres Gottes (Jesaja 35, 2).

Die Natur ist üppig, reich, freigebig, ja sogar verschwenderisch. Denken Sie nur an alle die Früchte, die vielerorts in den verschiedensten Gebieten der Welt ungenutzt verfaulen und wahrscheinlich ausreichen würden, den Großteil der auf Erden hungernden Menschen zu ernähren. Auch in der Wüste blüht und gedeiht alles, wenn man sie bewässert.

Der Libanon ist bekannt für seine landschaftliche Schönheit, der Karmel, ein Bergrücken in Israel, für seinen fruchtbaren Boden, und auch der Saron steht für Fruchtbarkeit und Gedeihen. Gedeihliche »Früchte des Geistes« sind Liebe, Freude, Frieden, Freundlichkeit, Schönheit, Harmonie und Güte. Bringt Ihr Geist diese Früchte hervor? Denn: *An ihren Früchten sollt ihr sie erkennen* ... (Matthäus 7, 16).

Jesaja gibt in seinem Buch eine großartige, poetische Darstellung der Herrlichkeiten, die Ihnen beschieden sind, wenn Sie das Wesen Gottes, des Inbegriffs der Liebe und der Güte, betrachten und darüber meditieren. Der Prophet verheißt Ihnen, daß Sie die »Herrlichkeit des Herrn« schauen werden. Herrlichkeit ist etwas Strahlendes; und was strahlt, ist Licht. Mit anderen Worten: Ihre künftigen Unternehmungen werden im Zeichen des Lichts der Liebe und der Güte Gottes stehen. *Gott ist Liebe; und wer in der Liebe bleibt, der bleibt in Gott und Gott in ihm* (1. Johannes 4, 16).

Platon sprach so über die Liebe: »Ja – Liebe, die Güte auf die Welt ausgießt und vor deren Gegenwart alle derben Leidenschaften fliehen und vergehen, die Urheberin aller sanften Bestrebungen, die Vernichterin aller unfreundlichen Gedanken, die gnädig, milde, Gegenstand der Bewunderung der Weisen und die Wonne der Götter ist, Teilhabe der Glücklichen und ersehnt von den Unglücklichen, unglücklich deshalb, weil sie ihnen nicht zuteil ist.«

Der geheime Ort des Schutzes

Und er sprach zu ihnen: Lasset uns besonders an eine wüste Stätte gehen und ruhet ein wenig. Denn ihrer waren viele, die ab und zu gingen; und sie hatten nicht Zeit genug, zu essen (Markus 6, 31).

In gewissem Sinne symbolisiert die »Wüste« aus dem *Buch Jesaja* auch den geheimen Ort, an dem Sie mit Gott, dem Ihnen innewohnenden Geist, in Verbindung treten. Es ist der Ort innerer Einkehr, an dem Sie sich abwenden von äußeren Sinneseindrücken und der Dingwelt, um der göttlichen Gegenwart in Ihrer Mitte innezuwerden, die Ihr Schicksal bestimmt. Es ist Ihre innere Heimat, wo in Ihrem Leben Gott an erster Stelle steht, Gott, der unendliche Geist, der alles und jedes bewirkt. Wenn Sie sich in

Dr. Joseph Murphys Vermächtnis, Kapitel 11

Betrachtung und Gebet dem Ihnen innewohnenden Geist Gottes zuwenden, sind Sie am geheimen Ort des Schutzes. *Wer unter dem Schirm des Höchsten sitzt und unter dem Schatten des Allmächtigen bleibt, der spricht zu dem Herrn: Meine Zuversicht, meine Burg, mein Gott, auf den ich hoffe* (Psalm 91, 1-2).

Im Bild des Allmächtigen ersteht Gott auch in Jesajas Versen (35, 3 und 4): *Stärket die müden Hände und erquikket die strauchelnden Knie! Saget den verzagten Herzen: Seid getrost, fürchtet euch nicht! Sehet, euer Gott, der kommt zur Rache; Gott, der da vergilt, kommt, und wird euch helfen.* Mit Ihren Händen vollbringen Sie, was der Hände Arbeit ist. Kraft Geistes, der Gotteskraft in Ihnen, vollbringen Sie das Werk Gottes. Dabei ist entscheidend wichtig, die Aussage »Gott, der da kommt zur Rache; Gott, der da vergilt« richtig zu deuten. Rache, Vergeltung bedeuten einfach, daß Sie ernten, was Sie gesät haben.

Dieser Vers ist also, dem vordergründigen Schein entgegengesetzt, die Bestätigung einer großen, ewig gültigen Wahrheit. Diese Wahrheit bestätigen Sie Ihrerseits, indem Sie beten und das erlangen, was Sie im Gebet bekräftigen und erbitten. Äußeres Anzeichen für die Bestätigung ist, daß Sie in unserer aufgewühlten Welt Frieden finden.

Sie »rührten seines Kleides Saum an«

Gott... kommt, und wird euch helfen (Jesaja 35, 4). Welche ungeheuren Leistungen gelingen, wenn man Gott anruft und auf ihn vertraut, veranschaulichen die nachstehenden Begebenheiten.

Eine Frau sah zu ihrem Entsetzen, wie ihr Mann von einem zurückstoßenden Lastwagen erfaßt wurde und unter das Hinterrad zu liegen kam. Sie rannte zu dem Laster und hob ihn über dem Rad hoch, bis ihr Mann frei war. Später vermochten vier Männer den Laster nicht zu heben.

Die Frau sagte: »Das habe nicht ich getan. Ich habe Gott angerufen, er kam mir zu Hilfe und gab mir die Kraft.«

Ebenso erstaunlich ist die Geschichte, die mir ein Arzt erzählte, mit dem ich schon lange befreundet bin. Er hatte einen an Arthrose leidenden Mann mehrere Monate behandelt, aber keine Besserung erzielt. Die Knie des Mannes waren verformt und fast steif. Der Mann mußte bei der Arbeit in seinem Geschäft weiterhin Krücken benützen. Eines Morgens stand plötzlich ein Maskierter in dem Geschäft, bedrohte den Mann mit einer Pistole und befahl ihm, sofort den Safe zu öffnen. Der Mann entgegnete, dazu müsse er sich bücken, aber das könne er nicht; seine Frau öffne den Safe immer für ihn. Der Gangster knurrte: »Wenn du den Safe nicht in dreißig Sekunden offen hast, kriegst du eine Kugel in den Kopf.« Der Mann öffnete den Safe.

Mein Arztfreund erzählte mir, daß die Knie seines Patienten jetzt nicht mehr steif sind, daß er sie beugen kann, daß die Kalkablagerungen zunehmend verschwinden und die Schmerzen nachgelassen haben. Der Mann braucht keine Krücken mehr.

Wie schon an anderer Stelle verdeutlicht wurde, vermögen Menschen in großer Angst, im Schockzustand, angesichts tragischer Umstände oder in Notsituationen Außergewöhnliches zu vollbringen. Krüppel können plötzlich gehen, Gelähmte werden geheilt. Bei solchen Leistungen sagt man, daß die betreffenden Menschen »seines Kleides Saum anrühren«. Die Gotteskraft war schon immer in ihnen gewesen, aber sie hatten sie zuvor nicht genutzt.

Das eben ist die »Herrlichkeit des Herrn«, die Jesaja

(35, 5 und 6) mit den Worten preist: *Alsdann werden der Blinden Augen aufgetan werden, und der Tauben Ohren werden geöffnet werden; alsdann werden die Lahmen springen wie ein Hirsch, und der Stummen Zunge wird Lob sagen. Denn es werden Wasser in der Wüste hin und wieder fließen und Ströme im dürren Land.*

Die beiden Verse zeigen Ihnen, welche Freudengesänge der biblische Mystiker zum Lobe der wunderbaren Gotteskraft anstimmte, die jedermann durch Gebet, Meditation und visionäres Erleben für sich aktivieren kann. Wer aber der »Herrlichkeit des Herrn« nicht inne wird, bleibt blind und taub gegenüber der ihm innewohnenden unendlichen Kraft. Viele Menschen wissen nicht, daß Gedanken Energien sind, daß wir das anziehen, was wir fühlen, und daß wir das werden, was wir uns bildhaft vorstellen. Millionen Menschen sind blind und taub gegenüber den Gesetzen des Denkens und Glaubens, denn sie verschließen sich der Erkenntnis, daß alles, was sie »im innersten Herzen« glauben, Gutes wie Schlechtes, auf dem Bildschirm des Raumes, das heißt in ihrem Leben, sichtbar wird. Die beiden Verse wollen uns veranschaulichen, daß *bei Gott alle Dinge möglich sind* (Matthäus 19, 26).

Von Blinden, Tauben und Erleuchteten

Wir sollen offen sein für die Lebensprinzipien und die Wirkungsgesetze des Geistes, der in uns ist. Andernfalls gilt für uns: *Und über ihnen wird die Weissagung Jesajas erfüllt, die da sagt:* »*Mit den Ohren werdet ihr hören, und werdet es nicht verstehen; und mit sehenden Augen werdet ihr sehen, und werdet es nicht vernehmen. Denn dieses Volkes Herz ist verstockt, und ihre Ohren hören übel, und ihre Augen schlummern, auf daß sie nicht dermaleinst mit den Augen sehen und mit den Ohren hören und mit dem Herzen verstehen und sich bekehren, daß ich ihnen hülfe.*« (Matthäus 13, 14–15).

Unzählige Menschen leben in solcher Blind- und Taubheit. Doch sie alle können davon »geheilt« sein, sobald sie die Inhalte ihres Denkens und Glaubens ändern. Voraussetzung für die Veränderung ist jedoch, daß ihre Augen – gemeint ist die geistige Wahrnehmung – die Wahrheit des lebendigen Gottes sehen, daß ihre Ohren – das innere Gehör, das Verständnis – offen sind für die Frohbotschaft und daß ihr Herz aufnahmebereit ist für den Zustrom göttlicher Liebe.

Jedem von uns ist die Gabe gegeben, eine neue Sprache zu sprechen, die die Menschen erleuchtet und heilt. Eine neue Sprache sprechen Sie, wenn Sie sich entschließen, im Sinne des Ihnen innewohnenden göttlichen Geistes zu denken, zu reden, zu handeln.

Von solcher Erleuchtung ist auch bei Jesaja (35, 6) die Rede: *Denn es werden Wasser in der Wüste hin und wieder fließen und Ströme im dürren Land.* Wasser ist hier ein Symbol für göttliche Erleuchtung. Wahre Ströme schöpferischer Ideen können Sie wachrufen, wenn Sie beten und Gott bitten, daß er Sie erleuchte!

»Die ihr durstig seid, kommt her zum Wasser!«

Vor einigen Jahren erschien ein Zeitungsbericht über eine Jacht, die in südlichen Gewässern bei Flaute festlag. Große Hitze herrschte, kein Lüftchen regte sich. Das Frischwasser an Bord war ausgegangen, die Bootsmannschaft war verzweifelt vor Durst. Für die Männer war in dieser Situation ein Glas Wasser mehr wert als sein Gewicht an Gold, denn es bedeutete die Rettung vor dem Tod. Da sichteten sie ein Schiff. Der Kapitän signalisierte: »Wir haben kein Frischwasser. Bitte geben Sie uns Wasser.«

Dr. Joseph Murphys Vermächtnis, Kapitel 11

Das Schiff signalisierte zurück: »Lassen Sie Ihre Eimer hinunter; Sie befinden sich vor der Amazonasmündung.«

Der Amazonas ist der größte Strom Südamerikas und der wasserreichste der Erde; er ergießt sich viele Meilen weit in den Atlantik hinein. Die Jacht befand sich mitten in einer Süßwasserzone!

Sie brauchen keinen Durst zu leiden. Gott lädt Sie ein: *Wohlan, alle, die ihr durstig seid, kommt her zum Wasser...* (Jesaja 55, 1). Das Wasser des Lebens wartet darauf, daß Sie Ihre Eimer hinunterlassen und schöpfen, soviel Sie wollen. Atmen Sie Luft, soviel Sie wollen – es herrscht kein Mangel daran. Genauso verhält es sich mit dem Wasser des Lebens. Ihnen bieten sich ungeahnte Möglichkeiten, Sie brauchen nur aufnahmebereit zu sein. Die Gaben Gottes warten darauf, von Ihnen genutzt zu werden.

Die wundervolle Verheißung für alle Menschen

Und es wird daselbst eine Bahn sein und ein Weg, welcher der heilige Weg heißen wird, daß kein Unreiner darauf gehen darf; und derselbe wird für sie sein, daß man darauf gehe, daß auch die Toren nicht irren mögen (Jesaja 35, 8).

Hier wurde uns eine wunderbare Verheißung von einzigartiger Großartigkeit gemacht. Der »heilige Weg« ist ein Weg der Unversehrtheit, Schönheit und Vollkommenheit. Bekräftigen Sie möglichst oft: »Ich bin ein Geschöpf des lebendigen Gottes, und ich bringe jeden Tag mehr von Gottes Liebe, Harmonie und Frieden zum Ausdruck. Der Weg der Unversehrtheit, Schönheit und Vollkommenheit wird durch mich jetzt sichtbar.«

Wenn Sie dies tun, begeben Sie sich auf eine herrliche, eine triumphale seelisch-geistige Reise zu Gott. Machen Sie sich dieses schlichte Gebet zur Gewohnheit, denn es öffnet Ihnen den Weg aus Enttäuschung, Krankheit und Eingeschränktheit. Es ist Ihr Recht, ein glückliches, erfülltes Leben zu führen. Und es ist Ihr Vorrecht, in anderen Menschen die Gegenwart Gottes zu sehen. Erhöhen Sie Ihre Mitmenschen aus dem Bewußtsein heraus, daß Sie Kinder Gottes und Erben der Reichtümer Gottes vor sich haben.

Uns allen steht es bekanntlich frei, Wege und Straßen frei zu benutzen. Mörder, Diebe und gute Menschen bewegen sich auf denselben Straßen. Daraus können Sie entnehmen, daß Gott die Person nicht ansieht. Das göttliche Gesetz ist unpersönlich, wie jedes Gesetz. Die Straßen stehen allen offen. Und genauso steht der Zugang zu Gott allen offen, die ihn anrufen.

Anders ausgedrückt: Gott erhört das Gebet eines jeden Menschen entsprechend dem, was dieser Mensch »im innersten Herzen denkt«, also glaubt. Niemand kann Ihnen den Zugang zu Gott verwehren, denn Gott ist allgegenwärtig und somit auch in Ihnen. Es bedarf keiner Vermittler, keines Rituals, keiner Organisation. Wenn Sie sich an die göttliche Gegenwart wenden, wird sie Ihnen antworten. Die »Bahn« und der »Weg« in dem zitierten Vers Jesajas versinnbildlichen Ihre innere Hinwendung, durch die Sie der Gottesgegenwart in Ihrer Mitte innewerden.

Die »Unreinen« verkörpern alle jene, die sich in Angst, Neid, Eifersucht und Haß ergehen. Zerstörerische Inhalte dieser Art verhindern, daß die betreffenden Menschen in Gesundheit, Frieden und Wohlstand leben. Aber es heißt im Vers über die »Unreinen« auch: ... *und derselbe wird für sie sein, daß man darauf gehe, daß auch die Toren nicht irren mögen.* Wie töricht jemand auch war, wie viele Fehler er auch gemacht haben mag, wie schuldig er sich auch fühlt, er kann jederzeit die Gottesgegenwart in seiner Mitte anrufen und bekräftigen: »Göttliche Liebe erfüllt meine Seele, göttliches rechtes Tun ist mir jetzt be-

Dr. Joseph Murphys Vermächtnis, Kapitel 11

schieden, Gottes Friede strömt durch mein Herz, mein Gemüt.«

Die Schlußverse des Kapitels führen uns wahrhaftig auf den Königsweg zum Triumph des Menschen, auf den »heiligen Weg« zu Unversehrtheit und Vollkommenheit. *Es wird da kein Löwe sein, und wird kein reißendes Tier darauf treten, noch daselbst gefunden werden; sondern man wird frei sicher daselbst gehen. Die Erlösten des Herrn werden wiederkommen, und gen Zion kommen mit Jauchzen; ewige Freude wird über ihrem Haupte sein, Freude und Wonne werden sie ergreifen, und Schmerz und Seufzen wird entfliehen* (Jesaja 35, 9 und 10).

Der Bibel zufolge ließ König Darius den verleumdeten Daniel in die Löwengrube werfen mit den Worten: *Dein Gott, dem du ohne Unterlaß dienst, der helfe dir!* (Daniel 6, 17). Daniel kehrte den Löwen den Rücken zu, wandte sich an die ihm innewohnende Gottesgegenwart und blieb unverletzt. »Löwen« versinnbildlichen in der Bibel regelmäßig Situationen, die uns schwierig und bedrohlich erscheinen, ähnlich auch »reißende Tiere«.

Kehren Sie Ihren Schwierigkeiten stets den Rücken und konzentrieren Sie Ihre Aufmerksamkeit auf die Lösung – in dem Bewußtsein, daß Gott in seiner unendlichen Liebe und Weisheit sie Ihnen offenbaren wird, und die Probleme werden sich im Lichte Gottes auflösen. So werden wir zu »Erlösten des Herrn«, die sich mit Gott, dem unendlichen Geist, eins fühlen und »gen Zion kommen«, das heißt sich der Gegenwart und Macht des Gottes in ihrer Mitte bewußt sind.

Das 35ste Kapitel des *Buches Jesaja* endet mit fünf Wörtern, die zu den schönsten der ganzen Bibel zählen, versichern sie uns doch mit absoluter Gewißheit: *Schmerz und Seufzen wird entfliehen.*

Vergegenwärtigen Sie sich, sooft Sie die Möglichkeit haben, den Inhalt dieses grandiosen Gebetes, dessen

Wahrheit und Schönheit unübertroffen ist, und Sie können sicher sein, daß nichts Sie hindern wird, auf dem »Königsweg zum Triumph des Menschen« an Ihr Ziel zu gelangen.

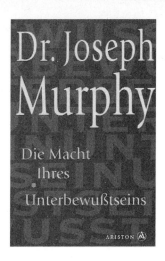

Dr. Joseph Murphy
Die Macht Ihres Unterbewusstseins
*288 Seiten, gebunden mit Schutzumschlag
ISBN 3-7205-1027-1*

»Die Macht Ihres Unterbewusstseins« von
Dr. Joseph Murphy gehört mit einer Millionenauflage zu den Büchern,
die den Geist der Zeit entscheidend mitgeprägt haben.
Dr. Joseph Murphy, der Wegbereiter positiven Denkens, hat das Gesetz
ergründet, dass der Geist Berge versetzt, er hat den Weg gefunden,
wie jeder sein Unterbewusstsein so beeinflussen kann, dass er alles
erreicht, was er will: Reichtum, Gesundheit und Glück.

Das Standardwerk von Dr. Joseph Murphy liegt auch
als vollständiges Hörbuch vor. Gesamtspielzeit $9^1/_2$ Stunden.
Audiobox mit 6 Kassetten, ISBN 3-7205-1901-5

Zur wirkungsvollen Ergänzung gibt es außerdem ein
Suggestions-Kassettenprogramm. Gesamtspielzeit $3^1/_2$ Stunden.
Audiobox mit 4 Kassetten, ISBN 3-7205-1673-3

ARISTON

Napoleon Hill
Denke nach und werde reich
Die 13 Gesetze des Erfolgs
264 Seiten, gebunden, ISBN 3-7205-1935-X

Die Erfolgsphilosophie Napoleon Hills lehrt, mit gezielter
Kraft zu denken und legt offen, welches das größte und wichtigste
aller Erfolgsgeheimnisse ist: Selbstvertrauen.
Erfolg und Wohlstand sind nicht Zufall, sondern Ergebnis
von Erfolgsgesetzen, die Sie entdecken und für sich nutzen können,
um das zu erreichen, was Sie sich wünschen:
Entfaltung Ihrer Persönlichkeit, Erfolg im Beruf und im Privatleben,
materiellen Wohlstand, Ansehen und Zufriedenheit.

»Denke nach und werde reich« liegt auch als Hörbuch vor.
Gesamtspielzeit $9^3/_4$ Stunden, Audiobox mit 6 Kassetten,
ISBN 3-7205-1859-0

ARISTON

ARKANA
GOLDMANN

Die Macht Ihrer Gedanken

Kurt Tepperwein,
Kraftquelle Mentaltraining   12141

Dr. Joseph Murphy, Die Praxis
des Positiven Denkens   11939

Erhard F. Freitag/Carna Zacharias,
Die Macht Ihrer Gedanken   12181

Erhard F. Freitag/Gudrun Freitag,
Sag Ja zu deinem Leben   12208

Goldmann • Der Taschenbuch-Verlag

Die Gesetze des Reichtums

Catherine Ponder, Die dynamischen
Gesetze des Reichtums   11879

Catherine Ponder,
Bete und werde reich   11881

Ralph Tegtmeier,
Das kleine Buch vom Geld   11820

Kurt Tepperwein,
Der Weg zum Millionär   21551

Goldmann • Der Taschenbuch-Verlag

ARKANA
GOLDMANN

Persönlichkeit & Schicksal – die Zahlenmystik

Helyn Hitchcock, Das große Buch
der Numerologie   21534

Sofos, Die Zahl - Dein Leben

21571

Faith Javane/Dusty Bunker,
Zahlenmystik   12248

Goldmann • Der Taschenbuch-Verlag

ARKANA
GOLDMANN

Hühnersuppe für die Seele

Canfield/Hansen, Hühnersuppe
für die Seele – Für Frauen   21546

Canfield/Hansen, Hühnersuppe
für die Seele – Für Mütter   21564

Canfield/Hansen, Hühnersuppe
für die Seele – Für Partner   21565

Canfield/Hansen, Hühnersuppe
für die Seele – Für Tierfreunde 21563

Goldmann • Der Taschenbuch-Verlag

GANZHEITLICH HEILEN
GOLDMANN

Erfolgsautorin Barbara Simonsohn – Gesunde Alternativen

Die Heilkraft der Afa-Alge   14189

Hyperaktivtät – Warum Ritalin
keine Lösung ist   14204

Das authentische Reiki   14210

Goldmann • Der Taschenbuch-Verlag

GOLDMANN

*Das Gesamtverzeichnis aller lieferbaren Titel erhalten Sie
im Buchhandel oder direkt beim Verlag.
Nähere Informationen über unser Programm erhalten Sie auch im Internet unter:*
www.goldmann-verlag.de

★

Taschenbuch-Bestseller zu Taschenbuchpreisen
– Monat für Monat interessante und fesselnde Titel –

★

Literatur deutschsprachiger und internationaler Autoren

★

Unterhaltung, Kriminalromane, Thriller
und Historische Romane

★

Aktuelle Sachbücher, Ratgeber, Handbücher und
Nachschlagewerke

★

Bücher zu Politik, Gesellschaft, Naturwissenschaft und Umwelt

★

Das Neueste aus den Bereichen
Esoterik, Persönliches Wachstum und Ganzheitliches Heilen

★

Klassiker mit Anmerkungen, Anthologien und Lesebücher

★

Kalender und Popbiographien

★

Die ganze Welt des Taschenbuchs

★

Goldmann Verlag • Neumarkter Str. 28 • 81673 München

Bitte senden Sie mir das neue kostenlose Gesamtverzeichnis

Name: _____

Straße: _____

PLZ / Ort: _____